모든 공부의 시작은 독해력입니다!

독해 기술로 기본을 다지고

다양한 지문에 적용하면 독해력 자신감이 쑥!

자신감

자신감

전 과목 학습 능력 향상

초등학교 국어/사회/도덕/과학/실과/예체능 교과서를 분석하여 뽑아낸 주제로 지문을 구성하여 전 과목 학습 능력도 자연스럽게 향상됩니다.

6개 독해 기술 제시

꼭 알아야 할 6개의 독해 기술을 익히고 반복하다 보면 모든 지문을 빠르게 읽고 쉽게 이해하는 독해력이 자연스럽게 길러집니다.

독해력 자신감이 꼭 필요한 이유

다양한 주제와 폭넓은 배경지식

문학(시, 이야기)과 비문학(인문, 사회, 과학, 기술, 예술) 영역에서 다양한 주제를 선정하여 폭넓은 배경지식을 쌓는 데 도움이 됩니다.

'듣는 지문' 서비스 제공

아나운서의 정확한 발음과 성우의 다채로운 표현으로 독해력을 향상시켜 주는 지문듣기 서비스를 제공합니다.

◇ 독해 일지 ◇

독해 기술	독해 적용				

	1회 　월　일	2회 　월　일	3회 　월　일	4회 　월　일	5회 　월　일
1주차	맞은 개수 　개	맞은 개수 　개	맞은 개수 　개	맞은 개수 　개	맞은 개수 　개
	스티커	스티커	스티커	스티커	스티커

	6회 　월　일	7회 　월　일	8회 　월　일	9회 　월　일	10회 　월　일
2주차	맞은 개수 　개	맞은 개수 　개	맞은 개수 　개	맞은 개수 　개	맞은 개수 　개
	스티커	스티커	스티커	스티커	스티커

	11회 　월　일	12회 　월　일	13회 　월　일	14회 　월　일	15회 　월　일
3주차	맞은 개수 　개	맞은 개수 　개	맞은 개수 　개	맞은 개수 　개	맞은 개수 　개
	스티커	스티커	스티커	스티커	스티커

	16회 　월　일	17회 　월　일	18회 　월　일	19회 　월　일	20회 　월　일
4주차	맞은 개수 　개	맞은 개수 　개	맞은 개수 　개	맞은 개수 　개	맞은 개수 　개
	스티커	스티커	스티커	스티커	스티커

	21회 　월　일	22회 　월　일	23회 　월　일	24회 　월　일	25회 　월　일
5주차	맞은 개수 　개	맞은 개수 　개	맞은 개수 　개	맞은 개수 　개	맞은 개수 　개
	스티커	스티커	스티커	스티커	스티커

	26회 　월　일	27회 　월　일	28회 　월　일	29회 　월　일	30회 　월　일
6주차	맞은 개수 　개	맞은 개수 　개	맞은 개수 　개	맞은 개수 　개	맞은 개수 　개
	스티커	스티커	스티커	스티커	스티커

독해력 자신감

초등 국어

2 단계

독해력 자신감
✶ 독해력 자신감 ✶
구성과 특징

학습 능력을 키우는 친절한 독해 훈련서
독해 기술 + 독해 적용

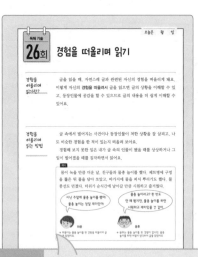

1 독해 기술

- 교과 과정을 분석하여 뽑아낸 독해 기술을 익히며 기본을 다져요.
- 독해 원리를 예로 들어 가며 알기 쉽게 설명했어요.

3 독해가 쉬워지는 낱말

- 지문을 읽기 전에 핵심 낱말을 먼저 공부하면 내용을 좀 더 쉽게 이해할 수 있어요.

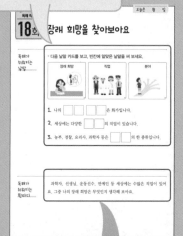

4 독해가 쉬워지는 한마디

- 지문과 관련된 배경지식을 통해 글을 읽을 때 주의할 점을 알아보아요.

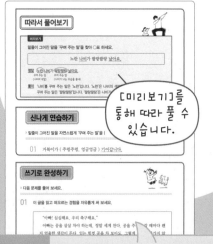

[미리보기]를 통해 따라 풀 수 있습니다.

2 독해 기술 연습하기

〈따라서 풀어보기, 신나게 연습하기, 쓰기로 완성하기〉

- 독해 기술이 어떻게 적용되는지 '미리보기'를 통해 확인해 보세요.
- 독해 기술을 익히며 연습 문제를 풀어 보세요.

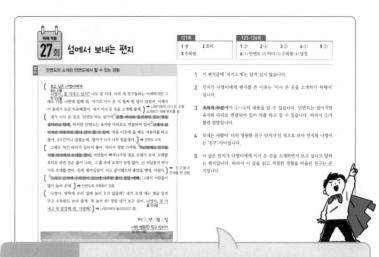

7
정답과 해설

- 글의 주제, 중심 낱말, 중심 문장, 문단별 요약, 보충 내용 등 지문을 이해하기 쉽도록 완벽하게 분석했어요.
- 문제를 자세하게 풀이하고, 틀리기 쉬운 문제에 '오답풀이'를 제공했어요.

독해력을 올리는
지문 듣기

아나운서의 정확한
발음으로 지문을 들어볼
수 있습니다.

5
독해 완성하기 (지문)

- 초등 전 과목에서 뽑아낸 주제로 구성했어요.
- 문학, 비문학(사회, 과학, 예술 등) 작품을 골고루 담았어요.
- 설명문, 논설문, 기행문, 보고서, 기사문, 안내문, 전기문 등 다양한 문종으로 구성했어요.

앞에서
배운 독해 기술을
적용할 수 있는 문제를
수록하였습니다.

6   독해 완성하기 (문제)

- 단계별로 문제를 선별하여 제공했어요.
- 6개 독해 기술을 적용하여 풀어 보세요.
- 짜임에 따라 중심 내용을 요약해 보세요.

✶ 독해력 자신감 ✶ 차례

1주차

독해 기술

1회

꾸며 주는 말 알기

꾸며 주는 말이란?

　꾸며 주는 말은 글의 내용을 구체적이고 생생하게 나타내기 위해 꾸밈을 받는 낱말 앞에 쓰인 말이에요. 꾸며 주는 말이 많은 글은 마치 그림을 보는 것처럼 생생하게 느껴져요.

> **꾸며 주는 말:** 글의 내용을 구체적이고 생생하게 나타내기 위해 낱말 앞에 쓰인 말

꾸며 주는 말의 쓰임

　꾸며 주는 말에는 크기, 색깔, 모양, 온도, 속도, 감정 등을 나타내는 말과 소리나 모습을 흉내 내는 말 등이 있어요.
①　　　　　　　　　　　　　　　　　　　　　　②
　꾸며 주는 말은 주로 꾸밈을 받는 낱말의 앞에 있어요. 한 낱말에 두 가지 이상의 꾸며 주는 말이 쓰일 수도 있지요.

> **예** 빗방울이 떨어져요. → 빗방울이 주룩주룩 떨어져요.
> 　　　　　　　　　　　　　　　　꾸며 주는 말
> 　　　　　　　　　　　　　　(비가 내리는 모습을 흉내)
>
> **예** 거북이가 연못에 빠졌어요.
>
> → 큰 거북이가 동그란 연못에 풍덩 빠졌어요.
> 　꾸며 주는 말　　　　꾸며 주는 말　　　꾸며 주는 말
> 　(거북이의 크기)　　(연못의 모양)　(거북이가 연못에 빠지는 모습을 흉내)
>
> **예** 토끼가 뛰어요. → 하얀 토끼가 깡충깡충 뛰어요.
> 　　　　　　　　　　　　　꾸며 주는 말　　　꾸며 주는 말
> 　　　　　　　　　　　(토끼의 색깔)　(토끼가 뛰는 모습을 흉내)
>
> → 작고 하얀 토끼가 깡충깡충 힘차게 뛰어요.
> 　꾸며 주는 말　　　　　　꾸며 주는 말
> (토끼의 크기와 색깔)　(토끼가 뛰는 모습을 흉내)

따라서 풀어보기

밑줄이 그어진 말을 '꾸며 주는 말'을 찾아 ○표 하세요.

> 노란 <u>나비</u>가 팔랑팔랑 <u>날아요.</u>

정답 (노란)나비가 (팔랑팔랑)날아요.
　　　꾸며 주는 말　　꾸며 주는 말
　　　(나비의 색깔)　　(나비가 나는 모습을 흉내)

풀이 '나비'를 꾸며 주는 말은 '노란'입니다. '노란'은 나비의 색깔을 나타낸 말입니다. '날아요'를 꾸며 주는 말은 '팔랑팔랑'입니다. '팔랑팔랑'은 나비가 나는 모습을 흉내 낸 말입니다.

» 밑줄이 그어진 말을 '꾸며 주는 말'을 찾아 ○표 하세요.

정답과 해설 2쪽

01　고양이가 야옹 <u>울어요.</u>

02　커다란 <u>새</u>가 날아가요.

03　개구리가 폴짝폴짝 <u>뛰어요.</u>

04　언니가 노래를 신나게 <u>불러요.</u>

05　바구니에 새빨간 <u>사과</u>가 담겨 있어요.

06　다람쥐가 알밤을 오물오물 <u>먹어요.</u>

07　종소리가 딩동댕 <u>퍼져 나가요.</u>

신나게 연습하기

» 밑줄이 그어진 말을 자연스럽게 '꾸며 주는 말'을 (　　　) 안에서 찾아 ○표 하세요.

01　거북이가 (주렁주렁, 엉금엉금) <u>기어갑니다.</u>

02　별이 (반짝반짝, 도란도란) <u>빛납니다.</u>

03　(노란, 검은) <u>해바라기가</u> 피었습니다.

04　(까만, 하얀) <u>밤하늘에</u> 달이 떴습니다.

05　(빨간, 파란) <u>딸기를</u> 먹습니다.

06　단풍잎이 (파릇파릇, 울긋불긋) <u>물듭니다.</u>

07　코코아가 (차갑게, 뜨겁게) <u>식어 갑니다.</u>

08　땀방울이 (송골송골, 주룩주룩) <u>맺힙니다.</u>

09　(뾰족한, 부드러운) <u>밤송이 가시에</u> 손가락을 찔렸어요.

10　(어두운, 밝은) <u>태양이</u> 바다 위로 떠오릅니다.

쓰기로 완성하기

» 그림의 내용에 알맞게 보기 의 '꾸며 주는 말'을 빈칸에 넣어 문장을 완성하세요.

보기   옹기종기   즐겁게   펑펑   하얀   활짝

01   함박눈이 ⬜⬜ 내립니다.

02   나무 위에는 ⬜⬜ 눈이 쌓였습니다.

03   눈사람 가족이 ⬜⬜⬜⬜ 모여 있습니다.

04   아이들은 ⬜⬜ 웃으며 ⬜⬜⬜ 눈싸움을 합니다.

확인

2회 자전거를 타요

독해가
쉬워지는
낱말

» 다음 낱말 카드를 보고, 빈칸에 알맞은 낱말을 써 보세요.

자전거	교통	환경

1. 친구와 공원에서 ☐☐☐ 를 탔습니다.

2. 고속 국도가 생겨서 ☐☐ 이 편리해졌습니다.

3. 자연 ☐☐ 을 보호하기 위해 함께 노력해야 합니다.

독해가
쉬워지는
한마디

　자전거를 타 본 적이 있나요? 자전거는 우리 주변에서 흔히 볼 수 있는 교통수단이에요.
　자전거를 타면 어떤 점이 좋은지 알아보아요.

» **다음 글을 읽고 질문에 답하세요.**

우리 주변에서 흔하게 볼 수 있는 자전거는 좋은 점이 많은 *교통수단입니다. 자전거를 타면 어떤 점이 좋은지 알아봅시다.

가 첫 번째, 자전거를 타면 우리 몸이 건강해집니다. 자전거를 타면 폐 기능이 좋아지고 다리 근육이 튼튼해집니다. 하루에 30분에서 1시간 정도 자전거를 타면 비만, 심장병 등의 질병을 예방할 수 있습니다.

나 두 번째, 교통비를 절약할 수 있습니다. 자전거는 연료비가 들지 않고, 버스나 지하철을 탈 때처럼 돈을 낼 필요가 없습니다. 그렇기 때문에 자전거를 타면 자동차나 대중교통을 이용하는 것보다 교통비를 절약할 수 있습니다.

다 세 번째, 환경을 보호할 수 있습니다. 자동차는 석유를 연료로 사용합니다. 석유를 사용하면서 배출되는 *배기가스는 환경을 오염시킵니다. 하지만 자전거는 연료를 사용하지 않아 배기가스를 배출하지 않습니다. 그러므로 자전거는 환경을 오염시키지 않는 친환경적인 교통수단입니다.

라 이렇게 좋은 점이 많은 자전거를 탈 때 우리 친구들이 꼭 기억해야 할 것은 안전입니다. 안전모와 보호대 등 안전 장비를 반드시 착용하고, 안전 수칙을 지켜야 합니다.

◆ **교통수단** 사람이 이동하거나 짐을 옮기는 데 쓰는 수단.

◆ **배기가스** 공장, 자동차 등에서 불필요하게 되어 배출하는 가스.

독해 기술 **1** 밑줄이 그어진 말을 '꾸며 주는 말'을 찾아 ○표 하세요.

> 자전거는 친환경적인 <u>교통수단</u>입니다.

2 자전거를 타면 좋은 점이 <u>아닌</u> 것은 무엇인가요? .... [　　]

① 우리 몸이 건강해진다.

② 교통비를 절약할 수 있다.

③ 목적지에 빨리 갈 수 있다.

④ 환경을 보호할 수 있다.

3 자전거의 특징으로 알맞은 것에 색칠하세요.

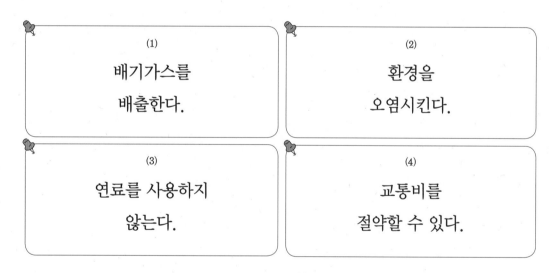

(1) 배기가스를 배출한다.	(2) 환경을 오염시킨다.
(3) 연료를 사용하지 않는다.	(4) 교통비를 절약할 수 있다.

4 이 글의 내용을 <u>잘못</u> 이해한 친구는 누구인가요? .... [　　]

① 준서: 자전거는 연료비가 많이 드는구나.

② 혜정: 자전거는 연료를 사용하지 않아 환경에 좋아.

③ 재희: 환경을 보호하기 위해 자전거를 많이 이용해야겠어.

④ 하나: 자전거를 탈 때는 반드시 안전 장비를 착용해야 해.

5 가~라 중 아래 그림과 관련 있는 문단은 어느 것인가요? ─────── [　　　]

① 가　　　　② 나　　　　③ 다　　　　④ 라

6 보기 의 낱말을 빈칸에 알맞게 넣어 이 글의 내용을 정리해 보세요.

보기
환경　　자전거　　건강　　안전　　교통비

(1) ☐☐☐ 는 좋은 점이 많은 교통수단이다.

(2) ☐☐ 에 좋고, (3) ☐☐☐ 를 절약할 수 있

으며, (4) ☐☐ 을 보호할 수도 있다.

자전거를 탈 때에는 (5) ☐☐ 장비를 착용해야 한다.

확인

3회 다섯 가지 감각을 표현하는 말

**독해가
쉬워지는
낱말**

» 다음 낱말 카드를 보고, 빈칸에 알맞은 낱말을 써 보세요.

신체 기관 / 눈 / 코 / 손 / 귀 / 입

감각 / 시끄럽다 / 빨갛다 / 향긋하다 / 달콤하다 / 차갑다

1. 눈, 코, 귀, 입, 손은 ☐☐☐☐입니다.

2. 코로 냄새를 맡고, 귀로 소리를 듣고, 혀로 맛을 느끼는 것 등을 ☐☐이라고 합니다.

**독해가
쉬워지는
한마디**

　일곱 색깔 무지개를 보거나 향긋한 꽃향기를 맡으면 감탄이 저절로 나오지 않나요? 우리가 눈으로 보거나 코로 냄새를 맡을 수 있는 것은 감각이 있기 때문이에요.

» 다음 글을 읽고 질문에 답하세요.

　　작은 구멍이 뚫린 상자가 있습니다. 무엇이 들어있는지 어떻게 알 수 있을까요? 눈으로 구멍 속을 들여다보면 됩니다. 손을 집어넣거나 코로 냄새를 맡아볼 수도 있습니다. 귀에 대고 흔들어 소리를 들을 수도 있습니다. 아! 위험할 수 있으니 맛을 보는 것은 조심해야 합니다.

　　우리는 이렇게 눈, 손, 코, 귀, 입과 같은 신체 기관을 통해 사물을 구별할 수 있습니다. 또, 어떤 일이 벌어지는지도 알 수 있습니다. 이와 같이 신체 기관을 통해 주변의 일을 알아채는 것을 '감각'이라고 합니다.

　　감각은 크게 다섯 가지로 나눌 수 있습니다. 눈을 통해 보는 것을 '시각'이라고 합니다. 손으로 만지거나 피부로 느끼는 것을 '촉각', 코로 냄새를 맡는 것을 '후각', 귀로 듣는 것을 '청각'이라고 합니다. 마지막으로, 입으로 맛보는 것을 '미각'이라고 합니다.

　　다섯 가지 감각을 ◆표현하는 말은 정말 많습니다. 시각은 주로 '둥글다', '작다'와 같은 모양과 '빨갛다', '어둡다'와 같은 색깔을 나타내는 말로 표현합니다. 촉각은 '부드럽다', '거칠거칠하다', '딱딱하다', '차갑다'와 같은 손으로 만지거나 피부에 닿았을 때의 느낌을 나타내는 말로 표현합니다. 후각은 '향긋하다', '구수하다', '탄 냄새가 난다', '맛있는 냄새가 난다'와 같은 냄새를 나타내는 말로 표현합니다. 청각은 '시끄럽다', '조용하다'와 같은 소리를 나타내는 말로 표현하기도 합니다. 마지막으로 미각은 '달다', '짜다', '쓰다', '맵다'와 같은 맛을 나타내는 말로 표현합니다.

◆ 표현　생각이나 느낌을 말이나 몸으로 나타내는 것.

독해 기술 **1** 밑줄이 그어진 말을 '꾸며 주는 말'을 찾아 ○표 하세요.

> 작은 구멍이 뚫린 상자가 있습니다.

2 이 글의 중심 낱말은 무엇인가요? —————————————————— [   ]

① 눈   ② 감각   ③ 후각   ④ 신체 기관

3 다음 신체 기관에 어울리는 감각과 그 감각에 알맞은 표현을 선으로 연결해 보세요.

(1) •   • ㄱ. 후각 •   • a. 조용하다.

(2) •   • ㄴ. 미각 •   • b. 새콤하다.

(3) •   • ㄷ. 청각 •   • c. 향긋하다.

4 다음과 같은 말로 표현하는 감각은 무엇인가요? —————————————— [   ]

> 둥글다   작다   빨갛다   어둡다

① 시각   ② 촉각   ③ 후각   ④ 미각

5 다음은 사과를 관찰한 후 쓴 글이에요. 빈칸에 들어갈 낱말을 **보기** 에서 골라 써 보세요.

> **보기**
>
> 미각   촉각   시각

(1) ☐☐ : 동그랗고 빨갛다.

(2) ☐☐ : 딱딱하다.

(3) ☐☐ : 달콤하다.

6 **보기** 의 낱말을 빈칸에 알맞게 넣어 이 글의 내용을 정리해 보세요.

> **보기**
>
> 감각   냄새   색깔   맛

(1) ☐☐ 은 크게 시각, 촉각, 후각, 청각, 미각으로 나눌 수 있다. 시각은 모양이나 (2) ☐☐ , 촉각은 손으로 만지거나 피부에 닿았을 때의 느낌, 후각은 (3) ☐☐ , 청각은 소리, 미각은 (4) ☐ 을 나타내는 말로 표현할 수 있다.

확인

독해 적용
4회

*제목을 묻는 문제가 출제되어 빈칸으로 제시하였습니다.

독해가
쉬워지는
낱말

» 다음 낱말 카드를 보고, 빈칸에 알맞은 낱말을 써 보세요.

취사

종착역

쌀알

1. 흩어진 ☐☐ 을 주워 담았습니다.

2. 기차가 ☐☐☐ 에 도착했습니다.

3. ☐☐ 가 가능한 캠핑장에서는 직접 밥을 지어먹을 수 있습니다.

독해가
쉬워지는
한마디

"칙칙칙칙" 밥솥에서 뜨거운 김이 나오고, 밥이 다 되었어요. 흩어져 있던 쌀알이 끈끈한 밥이 되어 나오는 것을 보면 참 신기해요. 밥솥 안에서 어떤 일이 일어났는지 시를 통해 알아보아요.

» 다음 시를 읽고 질문에 답하세요.

ㄱ

윤미경

"취사가 시작됩니다."
버튼을 누르면
깨끗이 씻은 쌀알들의
여행이 시작된다.

'보글보글' 역을 지나고
'칙칙칙칙' 역을 지나고
'뱅글뱅글' 역을 지나면
마침내, 치—익
"취사가 완성되었습니다."
종착역에 닿는다.

여행을 마친
쌀알들이 밥이 되었다.
어느새
끈끈한 사이가 되었다.

독해 기술 **1** 밑줄이 그어진 말을 '꾸며 주는 말'을 찾아 ○표 하세요.

어느새 끈끈한 <u>사이</u>가 되었다.

2 ㉠에 들어갈 이 시의 제목으로 가장 알맞은 것은 무엇인가요? [   ]

① 기차 여행   ② 밥솥 여행

③ 우정 여행   ④ 행복 여행

3 이 시는 쌀알이 무엇이 되는 과정을 쓴 글인가요? [   ]

① 떡   ② 죽   ③ 밥   ④ 식혜

4 이 시를 읽고 떠오르는 밥솥의 모습이 <u>아닌</u> 것은 무엇인가요? [   ]

① 시간이 표시되는 밥솥

② 버튼을 누르면 말을 하는 밥솥

③ 취사가 완성되면 소리가 나는 밥솥

④ 연기가 나오는 부분이 뱅글뱅글 도는 밥솥

5 이 시를 읽은 친구들은 자신의 생각과 느낌을 말하고 있어요. 이 시와 관련이 없는 말을 한 친구는 누구인가요? ────────────── [   ]

① 규태: 엄마가 밥하는 모습이 떠올랐어.

② 다연: 작년에 바다로 여행 간 것이 생각났어.

③ 종현: 쌀알이 밥이 되는 과정을 재미있게 표현했어.

④ 복현: 쌀알들이 끈끈한 사이가 되었다는 것은 밥이 완성되었다는 뜻 인 것 같아.

6 보기 의 낱말을 빈칸에 알맞게 넣어 이 시의 내용을 정리해 보세요.

> 보기
>
> 밥   여행   밥솥

쌀알은 ⁽¹⁾[ ][ ] 안에서 '보글보글', '칙칙칙칙', '빙글빙 글' 역을 지나 ⁽²⁾[ ][ ] 을 마치고 ⁽³⁾[ ] 이 되었다.

확인

독해 적용

5회

파리는 어떻게 천장에 붙어 있을까요?

독해가 쉬워지는 낱말

» 다음 낱말 카드를 보고, 빈칸에 알맞은 낱말을 써 보세요.

파리	천장	수수께끼

1. ☐☐ 는 여름에 많이 볼 수 있는 곤충입니다.

2. 모기가 ☐☐ 에 붙어 있어서 잡기가 어려웠습니다.

3. 동생은 ☐☐☐☐ 를 알아맞히느라 끙끙댔습니다.

독해가 쉬워지는 한마디

　여기지기 날아다니며 병균을 옮기는 파리! 파리를 잡는 것은 어려워요. 파리채를 들고 다가가면 금세 눈치를 채고 날아가 천장에 붙어 버리지요. 파리는 어떻게 천장에 붙어 있을 수 있는 것인지 알아보아요.

» **다음 글을 읽고 질문에 답하세요.**

무더운 여름이 되면 '파리'를 쉽게 볼 수 있습니다. 파리는 우리 몸에 달라붙어 귀찮게 하고, 여기저기 날아다니며 병균을 옮깁니다. 그래서 사람들은 집에 파리가 들어오면 잡으려고 합니다. 그런데 ㉠파리를 잡는 건 어려운 일입니다. 파리채를 들고 다가가면 금세 눈치를 채고 날아가 천장에 붙어 버리기 때문입니다. 그런데 파리는 어떻게 천장에 붙어 있을 수 있는 것일까요?

과학자들의 연구에 따르면 파리의 다리에서 '㉡끈끈한 액체'가 나온다고 합니다. 이 액체는 파리가 천장에 붙어 있을 때는 ⁺점성이 높아집니다. 하지만 파리가 발을 들면 점성이 낮아져 쉽게 움직일 수 있다고 합니다. 쉽게 말해 가만히 있을 때는 젤리처럼 탱탱하지만, 힘을 주면 물처럼 변한다는 것입니다. 이 신기한 액체 덕분에 파리는 천장에 붙어 있을 수 있고, 천장에서 걸어 다닐 수 있습니다.

재미있는 사실은 파리 말고도 거의 모든 ⁺곤충의 다리에서 끈끈한 액체가 나온다는 것입니다. 파리, 개미 등 곤충의 다리에서 나오는 끈끈한 액체가 무엇인지는 아직 정확히 밝혀지지 않았습니다. 그래서 과학자들은 이 액체의 비밀을 밝히기 위해 연구를 계속하고 있습니다.

◆ **점성** 서로 붙어 있는 부분이 떨어지지 않으려는 성질.

◆ **곤충** 머리, 가슴, 배의 세 부분으로 나뉘며, 가슴에는 세 쌍의 다리가 달려 있는 동물.

1 밑줄이 그어진 말을 '꾸며 주는 말'을 찾아 ○표 하세요.

> 무더운 <u>여름</u>이 되면 파리를 쉽게 볼 수 있습니다.

2 이 글의 중심 내용은 무엇인가요? —————————— [   ]

① 파리를 잡기 어려운 까닭

② 파리의 능력을 관찰하는 방법

③ 파리가 즐겨 먹는 먹이의 종류

④ 파리가 천장에 붙어 있을 수 있는 까닭

3 밑줄 친 ㉠의 까닭은 무엇인가요? —————————— [   ]

① 파리의 몸에 독이 있기 때문에

② 파리가 느리게 움직이기 때문에

③ 우리 눈에 파리가 보이지 않기 때문에

④ 파리가 날아가 천장에 붙어 버리기 때문에

4 밑줄 친 ㉡에 대한 설명으로 틀린 것은 무엇인가요? ———— [   ]

① 파리의 다리에서 이 액체가 나온다.

② 파리가 천장에 붙어 있을 때는 점성이 높아진다.

③ 파리가 발을 들면 점성이 더 높아진다.

④ 파리 말고도 거의 모든 곤충의 다리에서 이 액체가 나온다.

5 이 글의 내용을 <u>잘못</u> 이해한 친구의 이름을 써 보세요.

파리는 여기저기 날아다니며 병균을 옮겨. 민준

파리는 다리에서 끈끈한 액체가 나와서 천장에 붙어 있을 수 있어. 라온

파리의 다리에서 나오는 끈끈한 액체가 무엇인지 최근에 밝혀졌어. 아린

6 보기 의 낱말을 빈칸에 알맞게 넣어 이 글의 내용을 정리해 보세요.

> 보기
>
> 액체   다리   곤충   파리

(1) ☐ ☐ 가 천장에서 떨어지지 않고 붙어 있을 수 있는 까닭은 파리의 (2) ☐ ☐ 에서 끈끈한 (3) ☐ ☐ 가 나오기 때문이다. 재미있는 사실은 파리 말고도 거의 모든 (4) ☐ ☐ 의 다리에서 끈끈한 액체가 나온다는 것이다.

확인

독해력으로 명탐정 되기!

1층 집에 사는 슬기네 가족들이 모두 거실에 모여 있었어요. 그런데 갑자기 "팍!"하고 정전이 됐어요.

그때! 어둠 속에서 무언가가 식구들 사이를 스쳐 지나가 열려있던 베란다 문 너머로 사라졌어요.

"으악! 뭐야, 뭐?"

부드러운 털이 발을 스치고 지나갔어.

몸이 작고 빠르게 지나갔어.

베란다에서 사뿐하게 뛰어 내렸어.

희미하게 '야옹' 하고 울었어.

❓ 슬기네 가족들이 하는 이야기를 통해 어둠 속에서 스쳐 지나간 것이 무엇인지 찾아볼까요?

① 토끼　　　　② 고양이　　　　③ 거북이

2주차

독해 기술

6회

일이 일어난 차례 알기

**일이
일어난 차례를
아는 방법**

이야기 속에 나오는 인물은 여러 가지 일을 겪어요. 그 여러 가지 일에는 차례가 있어요. 글을 제대로 이해하려면 **일이 일어난 차례**를 확인하면서 읽어야 해요.

• **방법 ①**: '시간'을 나타내는 말로 일이 일어난 차례를 알 수 있어요.

	← 먼저 일어난 일			나중에 일어난 일 →	
하루 동안	새벽	아침	점심	낮	저녁	밤
며칠 동안	그저께	어제	오늘	내일	모레
한 주 동안	월요일	화요일	수요일	목요일	금요일
몇 년 동안	재작년	작년	올해	내년	내내년

• **방법 ②**: '장소'의 이동 순서로 일이 일어난 차례를 알 수 있어요.

> 예 예솔이는 엄마와 ⟨식당에⟩ 갔어요.
> ⟨식당에서⟩ 밥을 먹은 뒤, 겉옷을 사러 ⟨옷가게로⟩ 갔어요.
> ⟨옷가게에서⟩ 예쁜 겉옷을 산 뒤, ⟨집으로⟩ 돌아왔어요.
>
> → 장소의 이동은 '~에서', '~(으)로' 와 같은 말로 알 수 있어요.

→ 예솔이는 엄마와 식당→옷가게→집으로 이동했어요.

• **방법 ③**: '첫째, 둘째, 셋째, …'와 같이 '순서'를 나타내는 말로 일이 일어난 차례를 알 수 있어요.

> 예 ⟨첫째⟩, 냄비에 물 5컵을 붓고 끓이세요.
> ⟨둘째⟩, 물이 끓으면 면과 스프를 넣으세요.
> ⟨셋째⟩, 5분간 더 끓인 뒤 맛있게 먹어요.

따라서 풀어보기

미리보기

일이 일어난 차례대로 숫자를 써 보세요.

	일이 일어난 차례
점심때가 돼서야 지게 가득 나무를 담았어요.	
아침 일찍 나무꾼은 산에 올랐어요.	
나무를 팔고 해질 무렵에서야 집으로 돌아왔어요.	

정답 위에서부터 순서대로 ② - ① - ③

풀이 하루는 아침 → 점심 → 해질 무렵의 순서로 흐릅니다. 따라서 '① 아침 일찍 나무꾼은 산에 올랐어요. → ② 점심때가 돼서야 지게 가득 나무를 담았어요. → ③ 나무를 팔고 해질 무렵에서야 집으로 돌아왔어요.'의 순서로 일이 일어났음을 알 수 있습니다.

» **일이 일어난 차례대로 숫자를 써 보세요.**

정답과 해설 7쪽

	일이 일어난 차례
01 수요일 밤이 되자 비가 약해지는 것 같았어요.	
목요일, 드디어 비가 그쳤어요.	
월요일 오후부터 비가 세차게 내리기 시작했어요.	

	일이 일어난 차례
02 첫째, 횡단보도 앞에서는 일단 멈추세요.	
셋째, 좌우를 살피고 손을 들고 건너요.	
둘째, 초록 불이 될 때까지 기다려요.	

	일이 일어난 차례
03 돌쇠는 감자를 캐러 밭에 갑니다.	
돌쇠는 감자를 캔 뒤, 밤을 따러 산에 갑니다.	
돌쇠는 산에서 밤을 딴 뒤, 집으로 돌아옵니다.	

» 일이 일어난 차례대로 숫자를 써 보세요.

01		일이 일어난 차례
	먼저, 식빵의 가운데 부분을 숟가락으로 누른다.	
	끝으로, 계란이 익을 때까지 오븐에서 익힌다.	
	다음으로, 계란 한 개를 깨서 올리고 치즈를 뿌린다.	

02		일이 일어난 차례
	무더운 여름에도 농부들은 풀을 뽑느라 쉴 틈이 없지요.	
	봄날, 농부들은 모내기를 하느라 정신이 없어요.	
	드디어 황금빛 들판을 보며 웃을 수 있는 가을이 왔어요.	

03		일이 일어난 차례
	바이킹에서 내린 후 회전목마를 탔다.	
	회전목마를 탄 후, 유령의 집으로 갔다.	
	먼저, 가장 유명한 바이킹을 타러 갔다.	

04		일이 일어난 차례
	어느 날, 농부는 날개를 다친 까치를 구해 주었어요.	
	다음 날, 까치는 나뭇가지 하나를 물어다 주었어요.	
	옛날 어느 마을에 마음씨 착한 농부가 살았어요.	

05		일이 일어난 차례
	아침에 아빠와 공원에서 달리기를 했어요.	
	저녁에는 온 가족이 모여 외식을 했어요.	
	점심에는 누나와 만화책을 봤어요.	

쓰기로 완성하기

» 일이 일어난 차례대로 문장을 옮겨 써 보세요.

01

| 셋째, 도착 칸에 먼저 들어오면 이겨요. |
| 첫째, 가위바위보로 순서를 정해요. |
| 둘째, 주사위를 굴려 나온 수만큼 말을 옮겨요. |

⬇

| ① |
| ② |
| ③ |

02

| 점심때쯤 휴게소에 들러 밥을 먹었다. |
| 시골에 가기 위해 새벽부터 길을 나섰다. |
| 차가 너무 막혀서 밤이 되어서야 시골에 도착했다. |

⬇

| ① |
| ② |
| ③ |

확인

독해 적용 7회

시원한 수박화채 만들기

» 다음 낱말 카드를 보고, 빈칸에 알맞은 낱말을 써 보세요.

수박화채	오미자	재료

1. 요리를 하기 위해 ☐☐ 를 준비합니다.

2. 여름에 ☐☐☐☐ 를 먹으면 더위가 싹 날아갑니다.

3. ☐☐☐ 는 '단맛', '신맛', '쓴맛', '짠맛', '매운맛' 다섯 가지 맛이 납니다.

　　얼음을 동동 띄운 수박화채를 한 숟가락 떠서 입 안에 '쏙!' 넣으면 더위가 한 번에 날아가는 것 같아요. 더위를 '싹!' 날려 버릴 시원한 수박화채를 만드는 방법을 배워 보아요.

» 다음 글을 읽고 질문에 답하세요.

여름철에는 땀이 많이 나서 몸속 *수분이 부족해집니다. 이럴 때 수박을 먹으면 빠져나간 수분을 채울 수 있습니다. 수박은 약 91퍼센트가 수분으로 이루어져 있기 때문입니다. 수박을 화채로 만들어 더욱 시원하고 맛있게 즐겨 볼까요?

수박화채에 들어가는 재료는 수박 반 통, 우유 세 컵, 사이다 한 컵입니다. 사이다 대신 오미자차를 준비해도 좋습니다.

수박화채를 만드는 방법은 다음과 같습니다. 첫째, 스쿱으로 수박을 파냅니다. 스쿱은 작은 국자같이 생긴 도구로, 이것을 이용하면 공처럼 동그란 모양을 낼 수 있습니다. 만약 스쿱이 없으면 일반 숟가락을 사용해도 됩니다. 둘째, 큰 그릇에 파낸 수박을 담습니다. 셋째, 수박이 담긴 큰 그릇에 우유와 사이다를 붓습니다. 넷째, 시원하게 만들기 위해 *그릇째로 냉장고에 넣어 둡니다. 또는 얼음을 넣어도 좋습니다.

수박화채를 한입 꿀꺽 삼키면 더위가 싹 날아가는 것 같습니다. 이처럼 수박화채는 더운 여름을 이겨 내게 해 주는 고마운 음식입니다.

◆ 수분 물.

◆ 그릇째 내용물이 담겨진 그릇까지 모두.

1 수박화채를 만드는 재료가 <u>아닌</u> 것은 무엇인가요? ·········· [　　]

① 수박　　　　② 우유　　　　③ 오이　　　　④ 사이다

2 이 글을 읽고 수박화채를 만들 때, 서로 대신할 수 있는 것끼리 선으로 연결해 보세요.

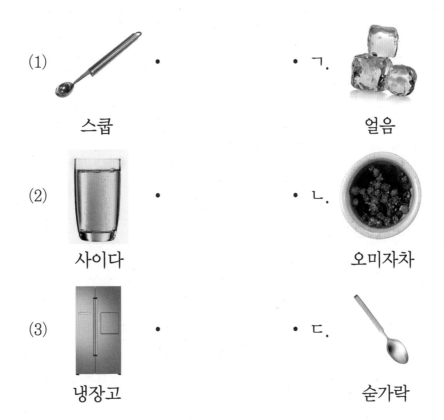

(1)　　스쿱　　　　·　　　　·　ㄱ.　얼음

(2)　　사이다　　　·　　　　·　ㄴ.　오미자차

(3)　　냉장고　　　·　　　　·　ㄷ.　숟가락

독해 기술 **3** 수박화채를 만드는 차례대로 숫자를 써 보세요.

	만드는 차례
둘째, 큰 그릇에 파낸 수박을 담습니다.	
첫째, 스쿱으로 수박을 파냅니다.	
넷째, 시원하게 만들기 위해 그릇째로 냉장고에 넣어 둡니다.	
셋째, 수박이 담긴 큰 그릇에 우유와 사이다를 붓습니다.	

4 수박을 먹었을 때 좋은 점은 무엇인가요? ————————————— [　　]

① 피로 회복 　　　　　　　② 독감 예방

③ 수분 보충 　　　　　　　④ 시력 보호

5 이 글의 내용과 맞으면 '예', 틀리면 '아니요'에 색칠하세요.

(1) 수박은 약 91퍼센트의 수분으로 이루어져 있다. ┈┈┈┈ | 예 | 아니요 |

(2) 스쿱으로 수박을 파내면 네모난 모양이 된다. ┈┈┈┈ | 예 | 아니요 |

(3) 수박화채는 더운 여름을 이겨 내게 해 주는 음식이다.

┈┈┈┈┈┈┈┈┈┈┈┈┈┈┈┈┈┈┈┈┈┈┈┈┈┈┈┈┈┈┈┈┈ | 예 | 아니요 |

6 보기 의 낱말을 빈칸에 알맞게 넣어 이 글의 내용을 정리해 보세요.

보기
과일　　　　냉장고　　　　우유　　　　수박

수박화채를 만드는 방법은 다음과 같다. 먼저, 수박화채에 들어가는 수박, (1)□□, 사이다를 준비한다. 그리고, (2)□□을 파내서 큰 그릇에 옮겨 담고 우유와 사이다를 붓는다. 마지막으로, (3)□□□에 넣는다. 수박은 더운 여름을 이겨내게 해 주는 고마운 (4)□□이다.

확인

독해 적용 8회

설날 아침에는 어떤 일을 할까요?

독해가 쉬워지는 낱말

» 다음 낱말 카드를 보고, 빈칸에 알맞은 낱말을 써 보세요.

병풍	한과	향

1. 제사 때 ☐ 을 피웠습니다.

2. 차례를 지내려고 ☐☐ 을 쳤습니다.

3. 차례상에 올렸던 ☐☐ 를 맛있게 먹었습니다.

독해가 쉬워지는 한마디

　설날에는 가족들이 모여 차례를 지내고 맛있는 음식을 먹어요. 친구가 쓴 일기를 읽으며 설날 아침의 모습을 알아보아요.

독해력을 올리는
지문 듣기

QR코드를 찍어서 지문을 들어 보세요.

» **다음 글을 읽고 질문에 답하세요.**

20○○년 ○월 ○○일 ○요일　　　　날씨: 차가운 바람

　오늘은 설날이다. 아침부터 차례를 지내기 위해 가족 모두가 바빴다. 어른들은 병풍을 닦아서 세우고 그 앞에 커다란 상을 폈다. 우리는 음식을 날라 차례상 차리는 것을 도왔다.

　할머니와 할아버지가 차례상을 어떻게 차리는지 알려 주셨다. 병풍 앞 첫째 줄에는 떡국과 술잔을 놓았다. 둘째 줄에는 전, 고기구이, 생선구이를 놓았다. 셋째 줄에는 탕을, 넷째 줄에는 나물과 식혜 등을 놓았다. 병풍에서 가장 먼 다섯째 줄에는 사과, 배, 곶감 같은 과일과 한과가 놓였다.

　상을 다 차린 뒤 모두 함께 차례를 지냈다. 먼저, 아빠가 ◆향을 피우고 절을 했다. 그다음에, 나머지 가족들이 함께 절을 했다. 끝으로, 차례를 마치고 상에 차려진 음식을 같이 먹었다.

　요즘은 차례를 지내지 않는 집도 많다고 한다. 그런데 나는 차례를 지내는 것이 좋다. 모처럼 온 가족이 모일 수 있고 평소에 자주 먹지 않는 음식들을 먹을 수 있기 때문이다. 온 가족이 정성스레 차례를 지내서 그런지 하루 종일 기분이 좋았다.

◆ **향** 불에 태워서 냄새를 내는 물건. 주로 제사 때 사용.

1 이 글을 쓴 날은 언제인가요? ────────────── [   ]

① 추석   ② 단오   ③ 설날   ④ 동지

2 이 글은 무엇에 대한 글인가요? ────────────── [   ]

① 차례   ② 세배   ③ 제사   ④ 잔치

3 글쓴이는 왜 차례 지내는 것이 좋다고 했나요? (정답 2개) ───── [,   ]

① 세뱃돈을 받을 수 있기 때문에

② 온 가족이 모일 수 있기 때문에

③ 조상님께 감사를 드릴 수 있기 때문에

④ 평소에 자주 먹지 않는 음식을 먹을 수 있기 때문에

독해 기술 **4** 일이 일어난 차례대로 숫자를 써 보세요.

	일이 일어난 차례
끝으로, 차례를 마치고 상에 차려진 음식을 같이 먹었다.	
먼저, 아빠가 향을 피우고 절을 했다.	
그다음에, 나머지 가족들이 함께 절을 했다.	

5 이 글을 읽고 그림의 음식을 어디에 놓아야 하는지 바르게 연결하세요.

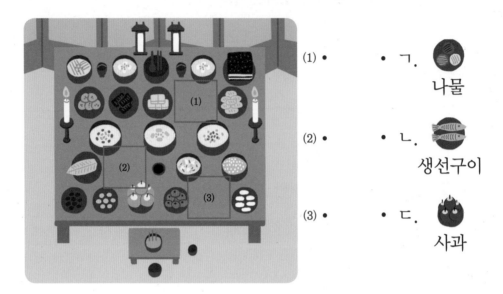

(1) •

(2) •

(3) •

• ㄱ. 나물

• ㄴ. 생선구이

• ㄷ. 사과

6 보기 의 낱말을 빈칸에 알맞게 넣어 이 글의 내용을 정리해 보세요.

> 보기
>
> 설날   준비   차례상   가족

오늘은 (1)☐☐ 이다. 아침부터 차례 (2)☐☐ 로 가족 모두가 바빴다. (3)☐☐☐ 을 차린 후 모두 함께 차례를 지냈다. 온 (4)☐☐ 이 정성스레 차례를 지내서 그런지 기분이 좋았다.

확인

독해 적용

9회

동물의 사육제

» 다음 낱말 카드를 보고, 빈칸에 알맞은 낱말을 써 보세요.

연주	작곡가	무대

1. 악기 ☐☐ 를 시작합니다.

2. ☐☐☐ 는 음악을 만드는 사람입니다.

3. 커튼이 걷히고 ☐☐ 위에 불이 들어옵니다.

　사자, 백조 등 동물들의 모습을 음악으로 표현할 수 있을까요? 『동물의 사육제』라는 곡에는 다양한 동물들의 모습이 음악으로 표현되어 있어요. 『동물의 사육제』는 어떤 곡인지 알아보아요.

독해력을 올리는
지문 듣기

QR코드를 찍어서 지문을 들어 보세요.

» 다음 글을 읽고 질문에 답하세요.

오늘 엄마와 함께 '어린이를 위한 음악회'에 갔다. 음악회의 연주곡은 『동물의 *사육제』였다. 『동물의 사육제』는 프랑스의 작곡가 '생상스'가 지은 곡으로 총 14곡으로 되어 있다고 엄마가 알려 주셨다. ㉠무대 위에는 커다란 피아노 두 대가 놓여 있었다. 그리고 다른 여러 악기를 든 연주자들이 앉아 있었다. 곧 ㉡무대가 어두워지더니 연주가 시작되었다.

가장 좋았던 곡은 첫 번째 곡이었던 「*서주와 사자왕의 *행진」이었다. 시작부터 '두두두두'거리는 것이 어떤 것이 다가오는 느낌이 들었다. 이 소리는 점점 빨라지다가 '짠!' 하고 그쳤다. 그리고 행진곡처럼 '빰-빠라밤!' 하고 피아노 소리가 울려 퍼졌다. 사자왕의 등장을 알려 주는 것 같았다. 이어서 바이올린, 첼로 등 활을 켜서 연주하는 악기들이 '빠람빰빰 빰-빠밤빠 빠라빠라 빰빠-빠' 하고 연주했다. 왠지 사자왕이 거만하게 잘난 척하면서 걸어오는 것 같았다. 그리고 사자왕이 '으르렁' 울부짖는 장면이 떠오르는 연주가 계속되었다. ㉢역시 동물의 왕다운 멋진 곡이었다.

그다음으로 좋았던 곡은 「백조」였다. 첼로가 아주 부드럽게 '라-라라 라라라 라-라라' 하고 연주했다. ㉣마치 백조가 우아하게 헤엄을 치는 것 같았다. 음이 위로 올라갈 때면 백조가 날개를 살짝 올리는 것 같았고 음이 아래로 내려갈 때면 백조가 날개를 내리는 것 같았다. 피아노는 잔잔한 호수를 표현하는 듯 연주했다. 아름다운 곡이었다.

아직도 『동물의 사육제』의 음악들이 귓가에 들리는 것 같다. 악기로 동물의 모습을 흉내 낼 수 있다니, 정말 신기했다. 오늘 '어린이를 위한 음악회'에 가게 돼서 무척 행복했다.

◆ **사육제** 기독교의 축제.   ◆ **서주** 뒤에 나올 중요한 부분의 곡을 준비하는 연주.

◆ **행진** 줄을 지어 앞으로 나아감.

1 『동물의 사육제』는 누가 작곡했나요? ⋯⋯⋯⋯⋯⋯⋯⋯⋯⋯⋯⋯⋯⋯⋯⋯⋯⋯⋯⋯⋯⋯⋯ [　　]

① 바흐　　　　　　　　　　　② 베토벤

③ 생상스　　　　　　　　　　④ 모차르트

2 이 글에 등장하는 음악이 표현한 동물은 누구인가요? (정답 2개) [　,　]

① 참새　　　　　　　　　　　② 사자

③ 백조　　　　　　　　　　　④ 호랑이

3 ㉠~㉣에서 글쓴이의 느낌이나 생각을 표현한 문장은 무엇인가요? (정답 2개)

[　,　]

① ㉠　　　　　　② ㉡　　　　　　③ ㉢　　　　　　④ ㉣

독해 기술 **4** 일이 일어난 차례대로 숫자를 써 보세요.

	일이 일어난 차례
시작부터 '두두두두'거리는 것이 어떤 것이 다가오는 느낌이 들었다.	
'두두두두'거리는 소리는 점점 빨라지다가 '짠!' 하고 그쳤다.	
그리고는 행진곡처럼 '빰‒빠라밤!' 하고 피아노 소리가 울려 퍼졌다.	

5 이 글의 내용과 <u>다른</u> 것은 무엇인가요? ──────────────────── [　　]

① 『동물의 사육제』는 총 14곡으로 되어 있었다.

② 무대에는 피아노 두 대가 놓여 있었다.

③ 첫 번째로 연주한 곡은 「서주와 사자왕의 행진」이었다.

④ 바이올린이 부드럽게 「백조」를 연주하였다.

6 보기 의 낱말을 빈칸에 알맞게 넣어 이 글의 내용을 정리해 보세요.

보기
사자　　백조　　연주곡　　음악회

오늘 엄마와 함께 '어린이를 위한 ⁽¹⁾□□□'에 갔다. 음악회의 ⁽²⁾□□□은 『동물의 사육제』였다. 「서주와 ⁽³⁾□□왕의 행진」이 가장 좋았고, 「⁽⁴⁾□□」가 그다음으로 좋았다. 아직도 『동물의 사육제』의 음악들이 귓가에 들리는 것 같다.

확인

독해 적용
10회

피터 래빗 이야기 _ 베아트릭스 포터

**독해가
쉬워지는
낱말**

» 다음 낱말 카드를 보고, 빈칸에 알맞은 낱말을 써 보세요.

정원	모종	울타리

1. 우리 집 ☐☐ 에는 꽃과 나무가 많아요.

2. 우리 학교는 해바라기를 심어 ☐☐☐ 를 만들었어요.

3. 예솔이네 반 친구들이 학급 텃밭에 토마토 ☐☐ 을 심어요.

**독해가
쉬워지는
한마디**

「피터 래빗 이야기」는 말썽꾸러기 토끼 '피터'의 이야기예요. 피터는
엄마 토끼의 말을 듣지 않고 맥그레거 아저씨의 정원에 들어갔어요. 그
곳에서 피터에게 어떤 일이 일어났는지 이야기를 읽어 보아요.

» 다음 글을 읽고 질문에 답하세요.

어느 날 아침, 엄마 토끼가 말했습니다.

"우리 귀염둥이들, 들판이나 오솔길에서는 마음껏 놀아도 되지만, 맥그레거 아저씨네 정원에는 절대로 들어가면 안 된단다. 너희 아빠께서도 맥그레거 아저씨께 잡혀서 파이 속에 들어가시고 말았잖니. 엄마는 잠시 나갔다 올 테니 밖에 나가 놀고 있으렴. 조심조심 놀아야 한다."

하지만 말썽꾸러기 피터는 글쎄 맥그레거 아저씨네 정원으로 곧장 달려가 울타리 문 밑으로 기어들어 가는 게 아니겠어요? 피터는 먼저 상추와 강낭콩을 마구마구 먹어 댔어요. 그리고 당근도 와작와작 씹어 먹었답니다.

그러다 피터는 그만 맥그레거 아저씨와 덜컥 마주치고 말았지 뭐예요? 맥그레거 아저씨는 땅에 엎드려 양배추 모종을 심고 있다가 피터를 보자마자 벌떡 일어났어요. 그리고는 갈퀴를 마구 휘두르며 피터를 쫓아왔어요.

"이 도둑놈! 거기 서지 못해?"

㉠피터는 몹시 겁에 질려 부리나케 달아났어요. 하지만 대문으로 가는 길을 몰라 정원을 이리저리 헤맸답니다. 앗! 그런데 이걸 어쩌죠? 피터가 그만 까치밥나무 그물로 뛰어들어 가는 바람에 윗도리의 커다란 단추가 그물에 걸리고 만 거예요!

이제 죽었구나 생각한 피터는 단념한 채 왕방울만한 눈물을 뚝뚝 흘렸어요. 그런데 이 울음소리를 들은 상냥한 참새 친구들이 단숨에 날아와서는 조금만 더 노력해 보라고 애원했답니다.

"피터! 좀 더 힘을 내! 짹짹!"

바로 그때, 맥그레거 아저씨가 커다란 체를 들고 나타났어요! 그 체로 피터를 가두어 잡아 버리려는 것이었지요. 그러나 마구 발버둥 치던 피터는 잡히려는 순간, 윗도리를 벗어 둔 채로 간신히 빠져나왔답니다.

– 베아트릭스 포터, 「피터 래빗 이야기」

1 엄마 토끼가 아기 토끼들에게 들어가지 말라고 한 곳은 어디인가요? [   ]

① 들판　　　　　　　　　② 오솔길

③ 토끼네 집　　　　　　　④ 맥그레거 아저씨네 정원

2 이 글에 실제로 등장하지 <u>않는</u> 인물은 누구인가요? [   ]

① 피터　　　　　　　　　② 엄마 토끼

③ 아빠 토끼　　　　　　　④ 참새 친구들

3 밑줄 친 ㉠에서 '피터'의 마음은 어땠을까요? [   ]

① 즐거움　　　② 무서움　　　③ 배고픔　　　④ 심심함

독해 기술 **4** 일이 일어난 차례대로 숫자를 써 보세요.

	일이 일어난 차례
피터는 엄마의 말을 듣지 않고 '맥그레거 아저씨네 정원'에 들어갔습니다.	
피터는 발버둥치다가 윗도리를 벗어 둔 채로 그물을 간신히 빠져나왔습니다.	
피터는 맥그레거 아저씨를 피해 달아나다가 그물에 걸렸습니다.	
맥그레거 아저씨는 피터를 발견하고 갈퀴를 휘두르며 피터를 쫓아왔어요.	

5 이 글에서 볼 수 <u>없는</u> 장면은 무엇인가요? ─────────────── [   ]

① 피터가 맥그레거 아저씨네 정원에 들어간 장면

② 맥그레거 아저씨가 갈퀴를 휘두르며 피터를 쫓아오는 장면

③ 피터가 도망치다가 그물에 윗도리 단추가 걸려 우는 장면

④ 피터가 맥그레거 아저씨에게 잡히는 장면

6 **보기**의 낱말을 빈칸에 알맞게 넣어 이 글의 내용을 정리해 보세요.

보기

말썽꾸러기   엄마   윗도리   그물

(1) ☐☐ 토끼가 '맥그레거 아저씨네 정원'에는 들어가

면 안 된다고 말했다. 하지만 (2) ☐☐☐☐☐

피터는 맥그레거 아저씨네 정원으로 들어갔다.

맥그레거 아저씨와 마주친 피터는 도망치다가 (3) ☐☐

에 걸렸다. 피터는 (4) ☐☐☐ 를 벗어둔 채로 간신히

빠져나왔다.

확인

독해력으로 명탐정 되기!

희망이는 위대한 탐험가의 낡은 수첩을 발견했어요. 탐험가의 마지막 도착지에 보물이 숨겨져 있대요. 하지만 수첩에는 뒤죽박죽 짧은 메모만 쓰여 있었어요. 희망이는 탐험가가 도착한 마지막 장소에 찾아갈 수 있을까요?

❓ '탐험가가 도착한 마지막 장소'가 어디인지 빈칸에 써 보세요.

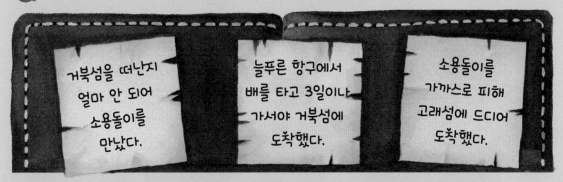

거북섬을 떠난지 얼마 안 되어 소용돌이를 만났다.

늘푸른 항구에서 배를 타고 3일이나 가서야 거북섬에 도착했다.

소용돌이를 가까스로 피해 고래섬에 드디어 도착했다.

드디어 찾았다!
위대한 탐험가의 마지막 도착지는 바로 ☐☐☐이야.

3주차

독해 기술

11회

문단의 중심 문장을 찾으며 읽기

문단이란?

문단은 여러 문장을 연결하여 만든 글 덩어리예요. 하나의 문단에는 가장 중요한 내용이 담긴 하나의 중심 생각이 있어요.

> **문단**: 여러 문장들이 모여 만들어진 글 덩어리

문단에서 중심 문장 찾기

중심 생각은 주로 **중심 문장**에 담겨 있어요. 중심 문장은 문단을 대표하거나 종합해 주는 역할을 해요. 중심 문장이 아닌 다른 문장들은 중심 문장의 예이거나 중심 문장을 더 자세히 설명해 주는 문장이에요.

> 예 □<u>학교에서는 참 많은 일들이 일어나.</u> 시험 보기나 숙제하기는 귀찮
> 중심 문장
> 고 어려운 일이야. 하지만 친구들과 재미있게 놀거나 피구 시합에서
> 이기는 등 신나는 일들도 많이 일어나.
> → 중심 문장이 아닌 다른 문장은 중심 문장의 '<u>참 많은 일</u>'을 자세히 설명해요.
> (시험 보기, 숙제하기, 친구들과 놀기, 피구 시합)

잠깐! '문단' 더 알아보기

> Q: 문단은 어떻게 구분하나요?
> A: 문단이 새로 시작되는 곳에는 예의 □처럼 그 문단의 첫 줄 처음 한 칸이 띄워져 있어요.
> Q: 한 문단에는 하나의 중심 생각과 하나의 중심 문장이 있나요?
> A: 중심 생각은 하나이지만, 중심 문장은 여러 개일 수도 있어요.

따라서 풀어보기

미리보기

다음 문단에서 중심 문장을 찾아 밑줄을 그어 보세요.

> 내가 아프면 엄마는 밤새 잠도 자지 않고 곁에 있어 줍니다. 내가 울고 있으면 아빠는 가만히 안아 줍니다. 이렇듯 부모님은 우리에게 언제나 사랑을 베풀어 줍니다.

정답과 풀이

내가 아프면 엄마는 밤새 잠도 자지 않고 곁에 있어 줍니다. 내가 울고 있으면 아빠는 가만
부모님이 우리에게 언제나 사랑을 베푸는 예
히 안아 줍니다. <u>이렇듯 부모님은 우리에게 언제나 사랑을 베풀어 줍니다.</u>
중심 문장

» 다음 문단에서 중심 문장을 찾아 밑줄을 그어 보세요.

정답과 해설 12쪽

01

경찰관은 어려운 사람을 도와주고 나쁜 사람은 잡아갑니다. 또한, 교통사고가 나지 않도록 지켜보기도 합니다. 이처럼 경찰관은 우리에게 고마운 분입니다.

02

지금부터 제 소개를 하겠습니다. 저의 이름은 장호영이고 나이는 9살입니다. 공부는 조금 자신이 없지만, 축구는 잘합니다. 강아지와 토끼 같은 작고 귀여운 동물을 좋아합니다.

03

"아우우우!" 멀리서 짐승이 울부짖는 소리가 들려요. 곧이어 다른 짐승들도 따라 우네요. 울음소리 합창을 들으니 등골이 오싹해져요. 이 으스스한 울음소리를 내는 짐승은 바로 늑대예요!

» 다음 문단에서 중심 문장을 찾아 밑줄을 그어 보세요.

01

세계 여러 나라에는 다양한 집이 있습니다. 태국이나 베트남같이 강이 많은 나라는 물 위에 집을 짓습니다. 초원이 펼쳐진 몽골은 '게르'라고 하는 천막집을 만듭니다.

02

글을 쓸 때는 우선 '글감'을 정해야 해요. 지난 일을 되돌아보며 인상 깊었던 일을 떠올려 보세요. '즐거웠던 일'이나 '기뻤던 일' 모두 좋은 글감이에요. 또한, '슬펐던 일'이나 '화났던 일'도 좋은 글감이 될 수 있어요.

03

수영을 하기 전에는 준비운동을 하고 구명조끼를 입어야 해요. 그다음에 심장에서 먼 다리, 팔, 얼굴, 가슴 등의 순으로 몸에 물을 적셔 줘요. 수영하는 도중에 춥다고 느껴질 때는 물에서 나와 몸을 따뜻하게 하고 쉬어요. 우리 모두 물놀이 안전 수칙을 잘 지켜요!

04

블록으로 탑을 멋지게 쌓아 올리고 있는데 친구가 '툭' 하고 무너뜨린다면 어떨까요? 정성 들여 그린 그림에 동생이 실수로 물을 쏟았다면요? 화가 머리끝까지 날 것 같다고요? 하지만 우리는 화난 마음을 드러내지 않고 참을 수 있어야 해요.

쓰기로 완성하기

》글을 읽고 다음 문제를 풀어 보세요.

　　시간 가는 줄도 모르고 책 속에 빠져들 때가 있습니다. 책 한 권을 다 읽었다고 해서 아쉬워할 필요는 없습니다. 세상에는 재미있는 이야기가 담긴 책이 무척 많기 때문입니다. '책 읽기'는 시간을 보내는 가장 좋은 방법 가운데 하나입니다.

　　책을 읽으면 대부분의 궁금증을 해결할 수 있습니다. 공룡의 이름을 알 수 있고, 비와 눈이 내리는 까닭도 알 수 있습니다.

　　또, 책을 읽으면 상상력을 키울 수 있습니다. 책을 통해 지혜로운 토끼를 만날 수 있고, 명탐정이 되어 사건을 해결할 수도 있기 때문입니다.

　　이처럼 책을 읽으면 좋은 점이 참 많습니다. 여러분이 책을 많이 읽었으면 좋겠습니다.

01　각 문단의 중심 문장에 밑줄을 그어 보세요.

02　보기 의 낱말을 모두 사용하여 각 문단의 중심 문장을 완성하세요.

보기	궁금증　　시간　　책　　상상력
[1문단] 중심 문장	'책 읽기'는 (1)☐☐ 을 보내는 가장 좋은 방법 가운데 하나입니다.
[2문단] 중심 문장	책을 읽으면 대부분의 (2)☐☐☐ 을 해결할 수 있습니다.
[3문단] 중심 문장	책을 읽으면 (3)☐☐☐ 을 키울 수 있습니다.
[4문단] 중심 문장	여러분이 (4)☐ 을 많이 읽었으면 좋겠습니다.

확인

독해 적용
12회

우체국에서 하는 일

독해가
쉬워지는
낱말

» 다음 낱말 카드를 보고, 빈칸에 알맞은 낱말을 써 보세요.

주소	집배원	우표

1. 편지 봉투에 ☐☐ 를 적었습니다.

2. 편지 봉투에 ☐☐ 를 붙였습니다.

3. ☐☐☐ 이 편지를 전달해 주었습니다.

독해가
쉬워지는
한마디

　편지는 어떻게 배달되는 걸까요? '우체국이 하는 일'에 대한 글을 읽고, 우체국의 역할을 알아보아요.

» **다음 글을 읽고 질문에 답하세요.**

동네마다 우체국이 있습니다. 우체국은 사람들이 편리한 생활을 할 수 있도록 도와주는 곳입니다. 우체국에서는 어떤 일을 할까요?

우체국에서 하는 가장 큰 일은 편지와 물건 등을 전해 주는 것입니다. *우편물을 우체통에 넣거나 우체국에서 붙이면 우리나라뿐 아니라 전 세계로 배달됩니다. 이때 우편물의 크기와 무게에 따라 우푯값이 달라집니다. 우체국에서는 우편물을 주소에 따라 나눈 뒤 각 지역으로 보냅니다. 그러면 지역의 집배원들이 배달을 합니다. 따라서 봉투에 받는 사람의 주소를 정확하게 적어야 합니다.

최근에는 인터넷으로 물건을 사는 사람들이 많아졌습니다. 이에 따라 우체국에서는 물건을 원하는 장소까지 배달해 주는 *택배 일도 합니다. 물건을 집으로 가져다주기도 하고, 집에 찾아와 다른 곳으로 보낼 물건을 가져가기도 합니다.

우체국에서는 은행처럼 돈을 관리하는 일도 합니다. 통장을 만들어 주고, 돈을 맡아 주거나 빌려주고, 돈을 원하는 곳으로 보내 주고, 세금을 받기도 합니다.

이처럼 우체국은 여러 가지 일을 합니다. 우체국은 우리가 살아가는 데 꼭 필요한 *공공 기관입니다.

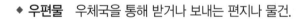

◆ **우편물** 우체국을 통해 받거나 보내는 편지나 물건.

◆ **택배** 우편물이나 상품 따위를 돈을 받고 직접 가져다주는 것.

◆ **공공 기관** 시청, 우체국, 경찰서 등처럼 사회 사람 모두가 함께 쓰거나 함께 얽힌 기관.

독해 기술 **1** 다음 문단에서 중심 문장을 찾아 밑줄을 그어 보세요.

> 우체국에서는 은행처럼 돈을 관리하는 일도 합니다. 통장을 만들어 주고, 돈을 맡아 주거나 빌려주고, 돈을 원하는 곳으로 보내 주고, 세금을 받기도 합니다.

2 이 글의 중심 낱말은 무엇인가요? ──────────── [　　]

① 은행 　　　② 택배 　　　③ 우체국 　　　④ 집배원

3 이 글의 내용과 맞으면 '예', 틀리면 '아니요'에 색칠하세요.

(1) 우체국에서는 우편물을 배달한다. ──────── | 예 | 아니요 |

(2) 우편물을 보내려면 받는 사람의 주소를 정확하게 써야 한다.
──────── | 예 | 아니요 |

(3) 택배를 보내려면 반드시 우체국에 가야 한다. ──── | 예 | 아니요 |

4 요즘 우체국에 택배가 늘어난 까닭은 무엇인가요? ──────── [　　]

① 저축을 많이 하기 때문에

② 편지를 쓰지 않기 때문에

③ 집배원이 물건을 전해주기 때문에

④ 인터넷으로 물건을 사는 사람들이 많아졌기 때문에

5 우체국에서 하지 <u>않는</u> 일은 무엇인가요? ──────────────────── [　　]

① 저축을 할 수 있다.

② 세금을 낼 수 있다.

③ 통장을 만들 수 있다.

④ 집을 사고팔 수 있다.

6 보기 의 낱말을 빈칸에 알맞게 넣어 이 글의 내용을 정리해 보세요.

> 보기
>
> 　택배　　편지　　공공 기관　　돈

　　우체국에서는 많은 일을 한다. 그중에서 가장 큰 일은
(1)[　][　] 와 물건 등을 전해 주는 것이다. 우체국에서는
(2)[　][　] 일도 하며 저축을 하거나 세금을 내는 등 (3)[　]
을 관리하는 일도 한다. 우체국은 우리가 살아가는 데 꼭 필요한
(4)[　][　][　][　]이다.

확인

독해 적용

13회 아나바다 운동

독해가
쉬워지는
낱말

» 다음 낱말 카드를 보고, 빈칸에 알맞은 낱말을 써 보세요.

교환

보호

절약

1. 환경을 ☐☐ 해야 합니다.

2. 친구와 장난감을 ☐☐ 했습니다.

3. 사용하지 않는 전기 제품의 플러그를 뽑으면 전기 에너지를 ☐☐ 할 수 있습니다.

독해가
쉬워지는
한마디

　물건을 아껴 쓰고, 나눠 쓰고, 바꿔 쓰고, 다시 쓰는 것을 '아나바다 운동'이라고 해요. 아나바다 운동에 대한 글을 읽고 아나바다 운동을 하는 까닭을 살펴보아요.

독해력을 올리는
지문 듣기

QR코드를 찍어서 지문을 들어 보세요.

» 다음 글을 읽고 질문에 답하세요.

'아나바다 운동'에 대해 들어 본 적이 있나요? '아나바다'란 물건을 '아껴 쓰고, 나눠 쓰고, 바꿔 쓰고, 다시 쓰자'를 줄여 이르는 말입니다. '플리 마켓'은 아나바다 운동의 대표적인 예입니다. 플리 마켓이란 안 쓰는 물건을 공원 등에 가지고 나와 사고팔거나 교환하는 것을 말합니다. 다른 말로 '벼룩 시장'이라고 부르기도 합니다.

사람들은 왜 아나바다 운동을 할까요? 첫째, 아나바다 운동에 참여하면 돈을 절약할 수 있습니다. 물건을 쉽게 버리지 않고, 오래 사용하며, 꼭 필요한 물건만 사기 때문입니다. 예를 들어 플리 마켓에 가면 적은 돈으로도 필요한 물건을 살 수 있고, 인터넷으로도 안 쓰는 물건을 사고팔 수 있습니다.

둘째, 아나바다 운동에 참여하면 환경을 보호할 수 있습니다. 지구가 쓰레기 때문에 몸살을 앓고 있다는 것을 알고 있지요? 물건을 아끼고 바꿔 쓰면 쓰레기가 줄어듭니다. 또 아나바다 운동을 하면 물건을 만드는 데 필요한 '나무', '물', '석유' 등 ◆자원을 아낄 수 있습니다.

어때요? 아나바다 운동해 참여해 보고 싶지 않나요? 자신의 물건을 소중히 아끼는 것부터 시작해 봅시다. 플리 마켓에 가서 안 쓰는 물건을 팔거나 바꾸는 것도 좋습니다. 고장 난 물건도 버리지 말고 고쳐서 다시 씁시다. 우리 함께 아나바다 운동에 참여합시다.

◆ 자원 인간 생활에 도움이 되는 자연계의 일부.

독해 기술 **1** 다음 문단에서 중심 문장을 찾아 밑줄을 그어 보세요.

> 아나바다 운동에 참여하면 돈을 절약할 수 있습니다. 물건을 쉽게 버리지 않고, 오래 사용하며, 꼭 필요한 물건만 사기 때문입니다. 예를 들어 플리 마켓에 가면 적은 돈으로도 필요한 물건을 살 수 있고 인터넷으로도 안 쓰는 물건을 사고팔 수 있습니다.

2 이 글의 중심 낱말은 무엇인가요? ────────────── [   ]

① 플리 마켓 　　　　　　② 중고 서점

③ 아나바다 운동 　　　　④ 환경보호 운동

3 이 글의 내용과 맞으면 '예', 틀리면 '아니요'에 색칠하세요.

(1) '아나바다'는 '아껴 쓰고, 나눠 쓰고, 바꿔 쓰고, 다시 쓰자'의 줄임말이다. ─────────────────────── | 예 | 아니요 |

(2) 플리 마켓은 아나바다 운동의 대표적인 예이다. ──── | 예 | 아니요 |

(3) 인터넷으로 안 쓰는 물건을 사고팔 수 없다. ───── | 예 | 아니요 |

4 이 글을 읽고 대답할 수 <u>없는</u> 질문은 무엇일까요? ──── [   ]

① '플리 마켓'이란 무엇일까?

② '아나바다 운동'은 누가 시작한 걸까?

③ '아나바다 운동'으로 환경을 보호할 수 있을까?

④ 안 쓰는 물건을 사고팔려면 반드시 플리 마켓에 가야하는 걸까?

5 빈칸에 들어갈 말을 보기 에서 찾아 쓰세요.

보기

아껴 쓰기

나눠 쓰기

바꿔 쓰기

다시 쓰기

지우개나 연필 등 자신의
물건을 소중히 하는 것은

☐ ☐ ☐ ☐ 야.

6 보기 의 낱말을 빈칸에 알맞게 넣어 이 글의 내용을 정리해 보세요.

보기

돈   환경   아나바다

(1) ☐ ☐ ☐ ☐ 운동을 하는 까닭은 무엇일까?

첫째, (2) ☐ 을 절약할 수 있다. 둘째, (3) ☐ ☐ 을 보호

할 수 있다.

확인

독해 적용 14회

왜 공룡은 클까요?

》 다음 낱말 카드를 보고, 빈칸에 알맞은 낱말을 써 보세요.

공룡	온실	연구

1. 과학자들은 여러 가지 ☐☐ 를 합니다.

2. ☐☐ 에서는 사계절 내내 꽃을 볼 수 있습니다.

3. ☐☐ 박물관에서 브라키오사우루스를 보았습니다.

　　공룡 박물관에 가면 엄청나게 큰 공룡 모형을 볼 수 있어요. 공룡에 대한 글을 읽고 몸집이 큰 공룡의 비밀을 알아보아요.

» 다음 글을 읽고 질문에 답하세요.

㉮ 공룡 박물관에 가면 매우 큰 공룡 모형을 볼 수 있습니다. 특히 드레드노투스 슈라니, 아르젠티노사우루스, 브라키오사우루스 등이 몸집이 큰 공룡으로 손꼽힙니다. 브라키오사우루스의 경우 몸길이는 약 25미터, 몸무게는 약 70톤에 이를 정도였습니다.

공룡의 사전적 의미는 '옛날에 살았던 거대한 파충류'입니다. 크기의 차이는 있지만, 대부분의 공룡은 몸집이 컸습니다. 공룡은 왜 이렇게 몸집이 컸을까요?

과학자들은 공룡이 살았던 때 기온이 지금보다 높았기 때문이라고 이야기합니다. 이때 지구는 마치 따뜻한 온실 같아서 식물이 매우 잘 자랐습니다. 수십 미터까지 자란 식물이 있을 정도였습니다. 그러다 보니 식물을 먹는 ◆초식 공룡의 몸집도 자연스레 커졌을 겁니다. 먹이를 먹기 위해서는 몸집을 키울 수밖에 없었을 테니까 말입니다.

이런 초식 공룡을 먹이로 삼는 ◆육식 공룡도 점점 덩치가 커졌을 것입니다. 먹이인 초식 공룡보다 몸집이 작으면, 사냥을 하기 어려웠을 것이기 때문입니다.

공룡이 생존 경쟁에서 살아남기 위해 몸집을 키웠을 거라는 의견도 있습니다. 몸집이 클수록 다른 공룡에게 잡아먹힐 위험이 낮아지기 때문입니다. 사자가 자기보다 몸집이 큰 코끼리를 잡아먹기 힘든 것처럼 말입니다.

그러나 공룡은 이미 멸종했기 때문에, 어떤 까닭으로 공룡의 몸집이 커졌는지 정확히 알기 어렵습니다. 지금도 과학자들은 그 까닭을 찾기 위해 연구를 계속하고 있습니다.

◆ 초식 주로 풀을 먹고 사는 것.

◆ 육식 동물의 고기를 먹고 사는 것.

독해 기술 **1** 다음 문단에서 중심 문장을 찾아 밑줄을 그어 보세요.

> 공룡이 생존 경쟁에서 살아남기 위해 몸집을 키웠을 거라는 의견도 있습니다. 몸집이 클수록 다른 공룡에게 잡아먹힐 생존 경쟁에서 위험이 낮아지기 때문입니다. 사자가 자기보다 몸집이 큰 코끼리를 잡아먹기 힘든 것처럼 말입니다.

2 이 글은 무엇에 대한 글인가요? [   ]

① 대륙이 넓은 까닭
② 먹이가 풍부한 까닭
③ 공룡의 몸집이 큰 까닭
④ 코끼리의 몸집이 큰 까닭

3 ㉮의 내용과 맞으면 '예', 틀리면 '아니요'에 색칠하세요.

(1) 드레드노투스 슈라니, 아르젠티노사우루스는 몸집이 작은 공룡으로 손꼽힌다. | 예 | 아니요 |
(2) 브라키오사우루스의 몸무게는 약 70톤에 이른다. | 예 | 아니요 |

4 이 글의 내용과 <u>다른</u> 것은 무엇인가요? [   ]

① 브라키오사우루스는 몸길이가 약 25미터이다.
② 대부분의 공룡은 몸집이 크다.
③ 육식 공룡은 초식 공룡을 잡아먹는다.
④ 지금도 살아 있는 공룡을 통해 연구를 계속하고 있다.

5 이 글에서 제시한 공룡의 몸집이 커진 까닭으로 옳지 <u>않은</u> 것은 무엇인가요?

[   ]

① 수십 미터까지 자란 식물을 먹기 위해 초식 공룡의 몸집도 자연스레 커졌다.

② 육식 공룡은 먹이인 초식 공룡을 사냥하기 위해 몸집이 커졌다.

③ 잡아먹히지 않기 위해 빨리 도망가려고 몸집이 커졌다.

④ 몸집이 클수록 다른 공룡에게 잡아먹힐 위험이 낮아지기 때문에 몸집이 커졌다.

6 보기 의 낱말을 빈칸에 알맞게 넣어 이 글의 내용을 정리해 보세요.

> **보기**
>
> 식물   공룡   육식   초식

(1) ☐ ☐ 은 왜 몸집이 컸을까? 과학자들은 기온이 높아 (2) ☐ ☐ 이 매우 잘 자랐기 때문이라고 말한다. 식물을 먹는 (3) ☐ ☐ 공룡은 먹이를 먹기 위해 몸집을 키울 수밖에 없었을 것이다. 이런 초식 공룡을 먹이로 삼는 (4) ☐ ☐ 공룡도 점점 덩치가 커졌을 것이다.

확인

독해 적용

15회

**독해가
쉬워지는
낱말**

» 다음 낱말 카드를 보고, 빈칸에 알맞은 낱말을 써 보세요.

1. ☐☐☐ 는 땅이 가장 넓습니다.

2. 우리나라와 가까운 ☐☐ 은 섬나라입니다.

3. ☐☐☐ 국기에는 별이 그려져 있습니다.

**독해가
쉬워지는
한마디**

　　다른 나라 친구들은 어떤 장난감을 갖고 놀까요? 일본, 베트남, 러시아의 친구들이 갖고 노는 장난감을 소개하는 글을 함께 읽어 보아요.

독해력을 올리는
지문 듣기

QR코드를 찍어서 지문을 들어 보세요.

» **다음 글을 읽고 질문에 답하세요.**

다른 나라에 사는 친구들은 어떤 장난감을 갖고 놀까요? 여기 일본, 베트남, 러시아에 사는 친구들이 장난감을 갖고 나왔어요. 장난감의 이름은 무엇인지 어떻게 생겼는지 들어볼까요?

"'겐다마'는 일본의 장난감이에요. 겐다마의 겐은 '검', 다마는 '공'을 뜻해요. ◆본체와 작은 공이 줄로 연결되어 있어요. 본체는 가운데가 뾰족 튀어나온 고무망치 같이 생겼고 양옆이 움푹 들어가 있어요. 본체 손잡이를 잡고 위로 쳐올려서 공을 뾰족한 곳이나 움푹 들어간 양옆, 받침대에 넣어야 해요."

"'쭈온쭈온'은 대나무로 만든 베트남의 장난감이에요. 쭈온쭈온은 베트남 말로 '잠자리'라는 뜻이지요. 이 장난감은 이름처럼 잠자리를 닮았어요. 손가락 끝이나 책상 모서리 같은 곳에 올려놓으면 진짜 잠자리가 앉아 있는 것처럼 떨어지지 않아요."

"'마트료시카'는 러시아의 장난감 인형이에요. 마트료시카라는 이름은 러시아에서 많이 쓰이는 여자 이름인 '마트료나'에서 따왔대요. 둥글둥글 오뚝이처럼 생긴 나무 인형인데, 안을 열어 보면 조금 작은 인형이 또 들어 있어요. 인형 안에 작은 인형들이 계속 나와서 재미있어요. 보통 꽃 그림이 들어간 여자아이가 그려져 있고, 색이 알록달록해요."

◆ **본체** 기본이 되는 몸체.

독해 기술 **1** 다음 문단에서 중심 문장을 찾아 밑줄을 그어 보세요.

> '마트료시카'는 러시아의 장난감 인형이에요. 마트료시카라는 이름은 러시아에서 많이 쓰이는 여자 이름인 '마트료나'에서 따왔대요. 둥글둥글 오뚝이처럼 생긴 나무 인형이에요.

2 이 글의 제목으로 가장 어울리는 것은 무엇인가요? ──────── [　　]

① 다른 나라의 장난감 　　　② 무엇을 하고 놀까요?

③ 다른 나라로 여행을 떠나요. 　　④ 다른 나라 친구들을 소개해요.

3 이 글의 내용과 맞으면 '예', 틀리면 '아니요'에 색칠하세요.

(1) '겐다마'의 겐은 '공', 다마는 '검'을 뜻한다. ──────── | 예 | 아니요 |

(2) '쭈온쭈온'은 베트남 말로 '잠자리'라는 뜻이다. ──────── | 예 | 아니요 |

(3) '마트료시카'에는 보통 꽃 그림이 들어간 여자아이가 그려져 있다.

──────── | 예 | 아니요 |

4 이 글을 읽고 관계있는 것끼리 선으로 연결해 보세요.

(1) 쭈온쭈온 • 　　　　　• ㄱ.

(2) 마트료시카 • 　　　　　• ㄴ.

5 겐다마의 공을 본체에 올린 것으로 바르지 <u>않은</u> 것은 무엇인가요? ─── [　　]

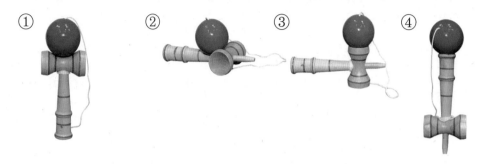

① ② ③ ④

6 보기의 낱말을 빈칸에 알맞게 넣어 이 글의 내용을 정리해 보세요.

보기

장난감　　나라　　쭈온쭈온　　러시아

다른 ⁽¹⁾　　　　의 친구들은 무엇을 갖고 놀까요? 일본 친구들은 '겐다마'라는 ⁽²⁾　　　　을, 베트남 친구들은 '⁽³⁾　　　　'이라는 장난감을, ⁽⁴⁾　　　　친구들은 '마트료시카'라는 장난감을 갖고 놀아요.

확인

독해력으로 명탐정 되기!

600년 된 소원 나무를 알고 있나요? 종이에 소원을 써서 나무를 둘러싼 끈에 묶으면 소원이 이루어진대요. 하늘이도 소원을 쓰기로 했어요.

앗! 그런데 소원 종이가 너무 작아요. 소원을 딱 한 개만 써야 한대요.

> 엄마, 아빠가 늘 건강하시고 웃을 일이 많으시면 좋겠어. 그리고 나는 공부를 잘하면 좋겠어. 우리 가족 모두 행복하면 좋겠어.

❓ **하늘이는 소원 종이에 뭐라고 썼을까요?**

① 내가 공부를 잘하게 해 주세요.
② 우리 가족 모두 행복하게 해 주세요.

4주차

독해 기술
16회 글의 내용 간추리기

'간추리기'란?   글에서 중요한 내용을 골라 정리한 것을 '**간추리기**'라고 해요. 글의 모든 내용을 기억하는 것은 어려운 일이에요. 글의 핵심 내용을 기억하고 싶을 때 글의 내용을 간추려 보면 좋아요.

> **간추리기**: 글에서 중요한 내용을 골라 간단하게 정리한 것

글의 내용을 간추리는 방법   다음의 단계를 통해 글의 내용을 잘 간추릴 수 있어요.

- **1단계**: 글이 몇개의 '문단'으로 이루어져 있는지 확인해요.
- **2단계**: 각각의 문단을 읽으면서 '중심 문장'을 찾아요.
- **3단계**: 문단의 중심 문장들을 한 문장으로 연결해요.

예시

오늘 자전거 타는 법을 배웠다. 자전거를 탈 줄 아는 친구 하진이가
_{1문단의 중심 문장}
가르쳐 주었다. 내가 자전거에 타면 하진이가 뒤에서 잡아 주면서 타는 법을 설명했다.

조금 잘 타는가 싶었는데 그만 나무에 부딪치고 말았다. 하신이가 말
_{2문단의 중심 문장}
도 없이 손을 놓았기 때문이다. 난 그것도 모르고 세게 페달을 밟다가, 중심을 잃고 나무에 '꽝' 부딪쳤다. 헬멧을 쓰고 있어서 다행이었다.

→ 각 문단의 중심 문장을 자연스럽게 연결하면 '오늘 자전거 타는 법을 배웠는데, 그만 나무에 부딪치고 말았다.'로 간추려집니다.

따라서 풀어보기

미리보기

글을 읽고 다음 문제를 풀어 보세요.

> **가** 나는 동생이 세 명이나 있다. 7살 남동생은 '게으름뱅이'이다. 일찍 일어나는 것을 본 적이 없다. 6살 남동생은 '욕심쟁이'라 장난감을 다 가지려고 든다. 3살 막내는 '말썽쟁이'다. 손에 있는 걸 자꾸 던진다.
>
> **나** 나는 아침에 학교 가기 전에 동생들을 깨운다. 학교에 다녀와서는 동생들이 어질러 놓은 장난감을 정리한다. 막내가 던진 책도 줍는다. 동생이 많은 첫째는 정말 피곤하다.

01 **가**와 **나** 문단의 중심 문장에 각각 밑줄을 그어 보세요.

02 이 글의 내용을 알맞게 간추린 문장은 무엇인가요? ⋯⋯⋯⋯⋯⋯⋯⋯⋯⋯ [   ]

　　① 내 동생은 게으름뱅이, 욕심쟁이, 말썽쟁이다.

　　② 나는 동생이 세 명 있어서 정말 피곤하다.

정답　01 **가** 문단의 중심 문장은 '나는 동생이 세 명이나 있다.'입니다. **나** 문단의 중심 문장은 '동생이 많은 첫째는 정말 피곤하다.'입니다.　　02 ②

풀이　01 **가** 문단에서 나머지 문장들은 세 명의 동생들을 설명하고 있습니다. **나** 문단에서 나머지 문장들은 첫째가 얼마나 피곤한지 설명하고 있습니다.

02 ② **가**와 **나** 문단의 중심 문장을 자연스럽게 연결합니다.

》글을 읽고 다음 문제를 풀어 보세요.

정답과 해설 17쪽

| 01-02 |

> **가** 우리 가족은 얼음낚시를 하러 갔다. 자리를 잡자마자 아빠가 얼음 바닥에 구멍을 뚫었다. 난 옆에서 뜰채로 깨진 얼음을 퍼서 구멍 밖으로 버렸다. 그런 뒤 미끼를 끼운 낚싯대를 얼음 구멍 안으로 넣었다.

나 3시간이 지난 후 아빠는 산천어를 네 마리 잡았고, 나랑 엄마는 한 마리씩 잡았다. 우리 가족은 무려 여섯 마리의 산천어를 잡았다.

01 **가**와 **나** 문단의 중심 문장에 각각 밑줄을 그어 보세요.

02 이 글의 내용을 알맞게 간추린 문장은 무엇인가요? ───────────────── [   ]

① 나는 뜰채로 얼음을 퍼서 버리고 산천어 한 마리를 잡았다.

② 우리 가족은 얼음낚시를 하러 가서 산천어 여섯 마리를 잡았다.

신나게 연습하기

» 글을 읽고 다음 문제를 풀어 보세요.

| 01-02 |

가 학교에서 '체험 학습'으로 고구마를 캐러 갔다. 고구마 밭은 엄청 넓었고 줄기는 이미 다 베어져 있었다. 밭고랑에 쭈그리고 앉아 호미로 고구마를 캐다가 나중에는 그냥 손으로 팠다. 엄청 커다란 고구마들이 뿌리에 주렁주렁 매달려 있었다.
나 고구마를 캔 뒤 트랙터 마차도 탔다. '트랙터'는 농기계를 끄는 자동차인데, 우리를 위해 마차를 달아 놓았다. 트랙터 마차는 울퉁불퉁한 길과 개울도 지나갔다. 덜커덕 거려서 재미있었다.

01 **가**와 **나** 문단의 중심 문장에 각각 밑줄을 그어 보세요.

02 이 글의 내용을 알맞게 간추린 문장은 무엇인가요? ───────────────── [   ]

① 체험 학습으로 고구마를 캐고 트랙터 마차도 탔다.

② 고구마 밭이 엄청 넓었고 트랙터 뒤에 마차를 달았다.

쓰기로 완성하기

» 글을 읽고 다음 문제를 풀어 보세요.

| 01-02 |

> **가** 곡이 저절로 연주되는 상자를 '오르골'이라고 해요. 대부분 상자 뚜껑을 열면 곡이 연주돼요.
>
> **나** 오르골의 모양은 무척 다양해요. 상자 모양이 가장 많지만, 상자 없이 작은 인형들의 모습을 하고 있기도 해요. 곡이 연주될 때 오르골에 달린 인형이 뱅글뱅글 돌아요.
>
> **다** 오르골은 태엽의 힘으로 음계판을 쳐 소리를 내요. 상자 뚜껑이 열리면 감아 놓은 태엽이 풀리면서 음계판 위의 원통이 돌아가요. 이때 여기에 붙어 있는 바늘도 회전하면서 음계판을 쳐요. 음계판은 마치 쇠로 만든 머리빗 모양으로 작고 얇은 실로폰 같아요.

01 **가**~**다** 문단의 중심 문장에 각각 밑줄을 그어 보세요.

02 **보기**의 낱말을 빈칸에 알맞게 넣어 이 글의 내용을 간추려 보세요.

| **보기** 다양   소리   오르골 |

곡이 저절로 연주되는 ⁽¹⁾□□□ 은 모양이 ⁽²⁾□□ 하며, 태엽의 힘으로 음계판을 쳐서 ⁽³⁾□□ 를 낸다.

확인

독해 적용

17회

나와 음악 학교 _ 안드레아 호이어

독해가
쉬워지는
낱말

» 다음 낱말 카드를 보고, 빈칸에 알맞은 낱말을 써 보세요.

음악	노래	악기

1. 성민이가 장기 자랑에서 [ ][ ]를 불러요.

2. 피아노는 건반으로 이루어진 [ ][ ]입니다.

3. 내 동생은 신나는 [ ][ ]이 나오면 춤을 춰요.

독해가
쉬워지는
한마디

　　음악 학교는 어떤 곳일까요? 하루 종일 음악 공부만 할까요? '나'와 함께 음악 학교를 둘러보면서 궁금증을 해결해 보아요.

독해력을 올리는
지문 듣기

QR코드를 찍어서 지문을 들어 보세요.

» **다음 글을 읽고 질문에 답하세요.**

㉠내 생일 아침, 아빠, 엄마, 형은 나에게 생일 축하 노래를 불러 주었어요. 그리고 나는 할머니께 생일 선물로 연주하고 싶은 악기를 배울 수 있는 상품권을 받았어요. ㉡며칠 뒤에 나는 엄마와 함께 악기를 배울 수 있는 음악 학교를 찾아갔어요. 교장 선생님이 내 손을 꼭 잡으며 반갑게 맞아 주셨어요.

"안녕, 반갑구나. 너는 어떤 악기를 배우고 싶니?"

교장 선생님이 물으셨지만, 나는 금방 대답을 할 수가 없었어요.

"아직 잘 모르겠어요. 하지만 악기를 구경해도 될까요?"

"그럼, 이쪽으로 오너라. 여러 가지 악기들을 보여주마."

교장 선생님을 따라간 곳은 지하에 있는 드럼 연습실이었어요. ㉢나는 그곳에서 처음 드럼을 쳐 보았어요. 신이 나서 더 있고 싶었지만, 형과 누나들이 계속 연습을 해야 하기 때문에 밖으로 나왔어요.

㉣다시 1층으로 올라간 교장 선생님은 어떤 방 앞에 서서 문을 두드렸어요. 교장 선생님과 나는 문을 살그머니 열고 들여다보았어요.

"여기는 바이올린 연습실이란다. 저 아이는 올해 다섯 살인데, 바이올린을 배운단다. 손이 작아서 작은 바이올린으로 연습을 하는 거야."

교장 선생님은 나를 2층으로 데리고 갔어요.

"여기는 피아노 연습실이란다. 작은 방이 여러 개 있고, 방마다 피아노가 한 대씩 다 있지."

"우리 집에도 피아노가 있어요. 아주 오래된 건데, 옛날에 할머니가 치셨던 거예요."

"정말 잘 됐구나. 그럼 너도 피아노를 배우는 게 어떻겠니? 피아노는 아이들이 가장 많이 배우는 악기란다."

– 안드레아 호이어/유혜자 옮김, 「나와 음악 학교」

1 이 글에서 할머니는 '나'에게 어떤 생일 선물을 주셨나요? ⸺⸺⸺⸺ [　　　]

① 생일 케이크

② 생일 축하 노래

③ 악기 연주회 입장권

④ 악기를 배울 수 있는 상품권

2 이 글에서 '나'는 음악 학교에 가서 어떤 일을 했나요? ⸺⸺⸺⸺ [　　　]

① 할머니께 생신 선물을 드렸다.

② 악기 상점에 가서 악기를 샀다.

③ 배우고 싶은 악기를 살펴보았다.

④ 다른 사람들의 악기 연습을 방해했다.

3 이 글의 '나'가 음악 학교에서 악기를 본 순서대로 번호를 써 보세요.

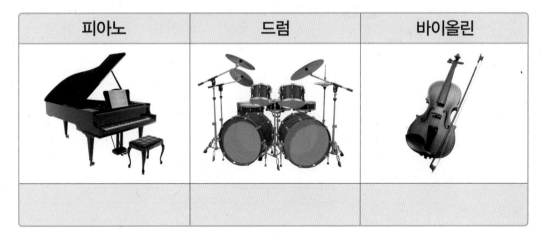

피아노	드럼	바이올린

4 이 글의 내용으로 알맞은 것은 무엇인가요? ⸺⸺⸺⸺ [　　　]

① '나'는 할머니와 함께 음악 학교에 갔다.

② 음악 학교는 악기를 배울 수 있는 곳이다.

③ '나'는 드럼을 배우기로 했다.

④ '나'의 집에는 할머니가 치셨던 드럼이 있다.

5 ㉠~㉣ 중 다음 장면에 어울리는 내용은 무엇인가요?

① ㉠   ② ㉡   ③ ㉢   ④ ㉣

독해 기술 **6** 보기 의 낱말을 빈칸에 알맞게 넣어 이 글의 내용을 간추려 보세요.

보기

악기   연습   음악 학교

나는 엄마와 함께 (1)☐☐ ☐☐ 에 가서, 여러

가지 (2)☐☐ 를 보고 (3)☐☐ 하는 것을 구경했다.

확인

독해 적용 18회

장래 희망을 찾아보아요

독해가 쉬워지는 낱말

» 다음 낱말 카드를 보고, 빈칸에 알맞은 낱말을 써 보세요.

장래 희망	직업	분야

1. 나의 ☐☐☐☐ 은 화가입니다.

2. 세상에는 다양한 ☐☐ 의 직업이 있습니다.

3. 농부, 경찰, 요리사, 과학자 등은 ☐☐ 의 한 종류입니다.

독해가 쉬워지는 한마디

　과학자, 선생님, 운동선수, 연예인 등 세상에는 수많은 직업이 있어요. 그중 나의 장래 희망은 무엇인지 생각해 보아요.

》 **다음 글을 읽고 질문에 답하세요.**

얼마 전 텔레비전에 '어부'가 되는 것이 장래 희망인 아이가 나왔습니다. 이 아이는 그물을 고칠 줄 알고, 물고기의 이름도 척척 맞혔습니다. 아이의 부모님은 어부는 힘든 '직업'이라며 걱정했습니다. 하지만 아이는 부모님께 자신을 믿고 지켜봐 달라고 말했습니다.

여러분들은 미래에 어떤 직업을 갖고 싶은가요? 장래 희망을 찾고 싶은데 방법을 모르겠다고요? 어떻게 하면 자신의 장래 희망을 찾을 수 있는지 함께 알아봅시다.

우선, 자신이 어떤 일에 [♦]관심이 있는지 알아야 합니다. 운동, 과학, 미술, 공부 등 어느 분야에 관심이 있는지 알면 장래 희망을 선택할 때 도움이 됩니다. 자신의 [♦]취미나 좋아하는 일을 생각하면, 관심 분야를 알 수 있습니다. 잘 모르겠으면 주변 사람들에게 '나'에 대해 물어보는 것도 좋습니다.

다음으로, 다양한 직업에 대해 조사합니다. 도서관이나 서점에 가면 직업에 대한 책들이 많으니 읽어 봅시다. 어른들에게 물어보는 것도 좋습니다. 직업에 대해 조사할 때는 그 직업의 좋은 점뿐만 아니라, 어려운 점도 알아 봐야 합니다. 그래야 내게 맞는 직업인지 아닌지 더욱 정확히 판단할 수 있습니다. 이 세상에 얼마나 많은 직업이 있는지 알면 여러분은 매우 놀랄 겁니다.

끝으로, '모든 직업은 소중하다.'는 생각을 가져야 합니다. 흔히 돈을 많이 버는 직업을 좋은 직업이라고 이야기합니다. 하지만 진짜 좋은 직업은 내가 좋아하는 일을 하는 것입니다. 어떤 직업을 선택하든 소중히 하겠다는 마음으로 내게 맞는 직업들을 살펴보도록 합시다.

♦ **관심** 어떤 것에 마음이 끌려 주의를 기울임.   ♦ **취미** 즐기기 위해 하는 일.

1 이 글의 중심 내용은 무엇인가요? —————————————— [　　]

① 어부가 되는 방법

② 취미를 만드는 방법

③ 장래 희망을 찾는 방법

④ 도서관에서 책을 고르는 방법

2 이 글에 나타난 '관심 있는 일'을 찾는 방법으로 <u>틀린</u> 것은 무엇인가요?

————————————————————————————— [　　]

① 취미를 생각한다.

② 좋아하는 일을 생각한다.

③ 주변 사람들에게 나에 대해 물어본다.

④ 다른 사람이 좋아하는 일을 생각한다.

3 이 글에 나타난 '장래 희망'을 찾는 방법은 것은 무엇인가요? (정답 2개)

————————————————————————————— [　,　]

① 다양한 직업에 대해 조사한다.

② 자신의 취미는 고려하지 않는다.

③ 돈을 많이 버는 직업을 조사한다.

④ 자신이 어떤 일에 관심이 있는지 알아본다.

4 이 글의 내용으로 보아 '직업'을 선택할 때 우리가 가져야 할 마음은 무엇인가요? ————————————————————— [　　]

① 모든 직업은 소중하다는 마음

② 다른 사람의 직업을 부러워하는 마음

③ 내가 하고 싶은 직업만 좋아하는 마음

④ 힘든 일을 하는 직업은 싫어하는 마음

5 보기는 이 글에 나타나 있는 낱말의 뜻을 설명한 것이에요. 보기의 낱말 뜻을 읽고 십자말풀이의 빈칸을 채워보세요.

보기

(1) 책을 모아 놓은 곳

(2) 어떤 것에 마음이 끌려 주의를 기울임

(3) 앞으로 올 날

(4) 앞으로 하고 싶은 일

(5) 고기를 잡는 사람

(6) 배우고 익히는 일

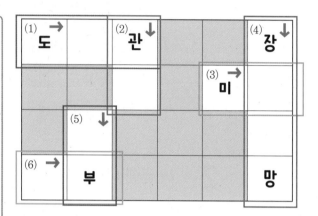

독해 기술 **6** 보기의 낱말을 빈칸에 알맞게 넣어 이 글의 내용을 간추려 보세요.

보기

직업   관심   마음   장래 희망

(1) ▢▢▢▢ 을 찾으려면 자신의 (2) ▢▢
과 다양한 (3) ▢▢ 을 알아보아야 하고, 모든 직업을 소
중히 여기는 (4) ▢▢ 을 가져야 합니다.

확인

독해 적용 19회 똑똑한 사물인터넷

독해가 쉬워지는 낱말

» 다음 낱말 카드를 보고, 빈칸에 알맞은 낱말을 써 보세요.

스피커	체중계	인터넷
		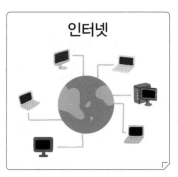

1. 몸무게를 확인하기 위해 ☐☐☐ 에 올라갔다.

2. 커다란 ☐☐☐ 에서 신나는 음악이 흘러 나왔다.

3. ☐☐☐ 은 전 세계의 컴퓨터가 서로 정보를 주고받을 수 있는 통신망이다.

독해가 쉬워지는 한마디

집에 있는 물건들이 서로 대화를 한다면 얼마나 신기할까요? 그런데 우리 주변의 물건들은 대화만 하는 것이 아니라 시키지 않아도 일을 한다고 해요. 변화된 우리의 일상생활을 알아보아요.

» 다음 글을 읽고 질문에 답하세요.

'사물인터넷'이란 *인터넷으로 사물들을 연결해 *정보를 교환하는 기술입니다. 우리가 상상만 하던 일이 사물인터넷을 통해 현실이 되고 있습니다. 사물인터넷으로 인한 놀라운 일상생활의 변화를 알아봅시다.

㉮
    비행기 출발 시간이 1시간 늦추어졌다는 메시지를 받은 스마트폰이 알람을 1시간 늦게 울립니다. 주인이 일어날 시간이 되자 전등이 스스로 켜지고, 스피커에서는 음악이 흘러나옵니다. 냉장고는 어제 체중계에서 잰 몸무게가 너무 늘어 몸무게를 줄이는 데 도움이 되는 음식 재료들을 주문했다고 알려 줍니다. 아침 식사를 마친 주인이 집을 나설 때, 비가 오니 나를 가지고 가라며 우산이 반짝거립니다. 주인이 문을 잠그자 집안의 모든 전기가 저절로 꺼지고 가스도 잠깁니다.

어떻게 이런 일들이 가능할까요? 먼저 사물이 인터넷에 연결되어 있어야 해요. 위의 일상생활을 보면 스마트폰과 전등, 스피커, 냉장고, 체중계가 인터넷으로 연결되어 서로 대화를 합니다. 사람의 도움 없이도 사물들끼리 서로 정보를 나누는 것입니다.

사물인터넷은 사물에 *센서를 달아, 바로바로 인터넷과 정보를 주고받습니다. 온도, 습도, 빛, 움직임 등 다양한 환경의 변화를 센서가 *감지해 스스로 할 일을 찾습니다.

사물인터넷은 가정뿐만이 아니라 학교, 공장, 병원 등 다양한 영역에서 활용될 것으로 기대되고 있습니다.

◆ **인터넷** 전 세계의 컴퓨터가 서로 정보를 주고받을 수 있게 그물처럼 연결되어 있는 것.

◆ **정보** 어떤 사실이나 현상을 관찰하거나 측정하여 모은 자료를 정리한 지식.

◆ **센서** 무언가를 느끼고, 그로부터 어떤 정보를 알아내는 것.

◆ **감지** 느끼어 아는 것.

1 다음에 설명하는 낱말을 이 글에서 찾아 써 보세요.

> 인터넷으로 사물들을 연결해 정보를 교환하는 기술입니다.

☐☐☐☐☐

2 이 글의 중심 내용은 무엇인가요? ──────── [   ]

① 냉장고 사용법

② 센서 설치 방법

③ 컴퓨터 개발 과정

④ 사물인터넷이 가져온 일상생활의 변화

3 이 글에 나타난 사물인터넷에 대한 설명 중 틀린 것은 무엇인가요? ── [   ]

① 사물이 인터넷과 연결되어 있어야 한다.

② 사람의 도움 없이도 사물들끼리 정보를 나눈다.

③ 주변 환경의 변화를 센서가 감지한다.

④ 가정에서만 활용할 수 있도록 개발된 기술이다.

4 ㉮는 어디에서 일어난 일을 설명하고 있나요? ──────── [   ]

① 가정   ② 병원   ③ 학교   ④ 공장

5 ㉮에 나타난 장면이 <u>아닌</u> 것은 무엇인가요? ⸻⸻⸻ [   ]

①

비행기가 1시간 늦추어졌으니 알람도 1시간 늦게 울려야겠어.

②

일어날 시간입니다.

③

몸무게 감량을 위한 재료를 주문하겠습니다.

④

비가 옵니다.

독해 기술

6 보기 의 낱말을 빈칸에 알맞게 넣어 이 글의 내용을 간추려 보세요.

보기

사물인터넷   활용   변화

(1) ☐ ☐ ☐ ☐ ☐ 은 우리의 일상생활에 놀라

운 (2) ☐ ☐ 를 가져오고 있으며, 가정, 학교, 공장, 병원

등 다양한 영역에서 (3) ☐ ☐ 될 것으로 기대되고 있다.

확인

독해 적용

20회 김홍도의 「타작도」

독해가
쉬워지는
낱말

» 다음 낱말 카드를 보고, 빈칸에 알맞은 낱말을 써 보세요.

타작	화원	담뱃대

1. 곡식의 알갱이를 떨어내려면 ☐☐ 을 해야 합니다.

2. 옛날에는 기다란 ☐☐☐ 에 담배를 피웠습니다.

3. 옛날에는 나라에서 ☐☐ 을 뽑아 그림을 그리게 했습니다.

독해가
쉬워지는
한마디

　옛날 그림을 보면 옛날 사람들의 삶을 알 수 있어요. 조선 시대 화가 김홍도가 그린 「타작도」에 관한 글을 읽으며, 옛날 사람들이 어떻게 살았는지 알아보아요.

» 다음 글을 읽고 질문에 답하세요.

'단원 김홍도'는 조선 시대 천재 화가입니다. 김홍도는 20대 때 *궁중 화원으로 이름을 알리고, 왕의 *초상화를 그리기도 했습니다. 김홍도는 풍경, 인물, 동물 등 못 그리는 그림이 없었습니다. 그런 그의 작품 가운데 가장 유명한 것은 '풍속화'입니다. 풍속화는 평범한 사람들의 모습을 그린 그림입니다.

김홍도의 풍속화 중에 「타작도」는 인물들의 동작이 잘 표현된 작품입니다. 가을에 벼를 베어 마당에서 터는 모습이 담겨 있습니다. 벼를 옮기는 사람, 터는 사람, 묶는 사람 등이 자세히 묘사되어 있습니다. 특히 *볏단을 들어 올려치는 모습이 아주 실감납니다. 일하는 사람들의 표정도 생생합니다. 윗옷을 풀어헤치고 볏단을 들어 올린 사람은 일하기 싫은 표정입니다. 윗옷을 벗은 사람과 벼를 묶는 사람은 웃고 있습니다. 빗자루를 든 사람은 진지한 표정입니다.

「타작도」를 보면 조선 시대 사람들이 어떻게 살았는지 알 수 있습니다. 「타작도」의 오른쪽 위에는 자리를 깔고 비스듬히 누워있는 사람이 보입니다. 긴 담뱃대로 담배를 피우고 있고 앞에는 술병까지 놓여 있습니다. 이 사람은 일을 시키는 땅 주인일 것입니다. 일을 시키고 감시하는 땅 주인과 일하는 일꾼의 모습에서, 조선 시대에 *신분의 차이가 있었다는 사실을 추측할 수 있습니다. 이밖에도 「타작도」에는 조선 시대의 옷차림, 머리 모양, 농사 기술 등 다양한 삶의 모습이 담겨 있습니다.

▲ 김홍도, 「타작도」

◆ 궁중 궁궐 안.

◆ 초상화 사람의 얼굴을 중심으로 그린 그림.

◆ 볏단 벼를 베어 묶은 것.

◆ 신분 사회적인 위치.

1 이 글에서 설명하고 있는 그림의 이름을 써 보세요.

☐☐☐

2 이 글에 나타나 있지 <u>않은</u> 사람은 누구인가요? ──────────── [　　]

① 벼를 묶는 사람　　　　　② 벼를 심는 사람

③ 벼를 터는 사람　　　　　④ 벼를 옮기는 사람

3 이 글에 나타난 옛날 사람들의 모습과 <u>다른</u> 것은 무엇인가요? ─────── [　　]

① 가을에 마당에서 벼를 털었다.

② 긴 담뱃대로 담배를 피웠다.

③ 사람들 사이에 신분의 차이가 있었다.

④ 땅 주인과 일꾼이 함께 일했다.

4 이 글을 읽고 다음 글의 빈칸에 알맞은 낱말을 써 보세요.

> 김홍도의 작품 중 평범한 사람들의 생활 모습이 담긴
>
> ☐☐☐ 가 특히 유명하다.

5 다음의 인물들을 찾아 그림 위에 ○표 하세요.

(1) 윗옷을 풀어헤치고 볏단을 들어 올린 사람

(2) 빗자루를 든 사람

(3) 담뱃대로 담배를 피우고 있는 사람

독해 기술 **6** 보기 의 낱말을 빈칸에 알맞게 넣어 이 글의 내용을 간추려 보세요.

보기

화가   조선 시대   인물   김홍도

(1) [   ][   ][   ] 는 조선 시대 천재 (2) [   ][   ] 인데, 그의 작품 「타작도」에는 (3) [   ][   ] 들의 동작이 잘 표현되어 (4) [   ][   ][   ][   ] 사람들이 어떻게 살았는지 알 수 있다.

확인

독해력으로 명탐정 되기!

옛날에 사람들의 이야기를 먹고 사는 도깨비가 살았어요. 사람들이 하는 말을 몰래 듣고 가장 중요한 말만 쏙 빼먹었지요. 그런데 이 도깨비가 방귀를 뀌면 글쎄, 이상한 소리가 들린다지 뭐예요. 무슨 소리냐고요? 그날 먹은 말들이 하나가 되어 방귀 소리로 나온대요.

혹시 건넛마을 사는 정심이라고 알아요? 아픈 아버지를 돌보고 어머니 일까지 돕는대요. 정심이는 정말 효녀예요!

아, 그래서 이번에 정심이가 상을 받는다고 하더라고요. 임금님이 직접 내려 주시는 상인데, 쌀도 준대요.

❓ 오늘 도깨비의 방귀 소리는 무엇일까요?

① 건너 마을 사는 정심이는 쌀을 받는대요.
② 정심이는 효녀라서 상을 받는대요.

5주차

글쓴이의 생각과 마음 알기

**글쓴이의
생각과
마음이란?**

글에는 **글쓴이가 전달하고자 하는 생각이나 마음**이 들어 있어요. 글쓴이는 자신의 생각과 마음을 직접 문장으로 나타내기도 하고, 글 속에 나오는 등장인물의 말과 행동을 통해 자신의 생각과 마음을 나타내기도 해요.

**글쓴이의
생각과 마음을
아는 방법**

글쓴이의 생각과 마음을 아는 방법은 다음과 같아요.

• **방법 ①**: 글 속 낱말이나 문장을 보면 알 수 있어요.

> 예 흐르는 물에 비누 거품을 내서 올바르게 손을 씻기만 해도 감기를 예방할 수 있어요. <u>우리 모두 손을 잘 씻도록 해요.</u>
> → 문장에서 글쓴이의 생각을 바로 알 수 있어요.

• **방법 ②**: 글 속에 등장한 인물의 말과 행동을 통해 알 수 있어요.

> 예 사냥꾼의 덫에 걸린 토끼는 나그네의 도움으로 덫에서 풀려날 수 있었어요.
> "사냥꾼님, 이 은혜는 잊지 않겠습니다!"
> → 토끼의 말을 통해 글쓴이가 나타내고자 하는 마음을 알 수 있어요.

따라서 풀어보기

이 글에서 글쓴이가 전달하고자 하는 생각은 무엇인가요? ⎯⎯⎯⎯⎯ [   ]

> 쉬는 시간에 화장실에 갔는데 난리가 나 있었다. 누군가 볼일을 보고 물을 내리지 않았는지 냄새가 지독했고, 친구들이 휴지로 장난을 쳤는지 바닥도 엉망이었다. 기분이 좋지 않았다. 친구들이 화장실을 깨끗하게 써 주었으면 좋겠다.

① 휴지를 아껴 써야 한다.

② 화장실에서 장난을 치면 안 된다.

③ 화장실을 깨끗하게 사용해야 한다.

④ 쉬는 시간에 화장실을 꼭 가야 한다.

정답 ③

풀이 '친구들이 화장실을 깨끗하게 써 주었으면 좋겠다.'라는 문장으로 보아, 글쓴이의가 '③ 화장실을 깨끗하게 사용해야 한다.'고 생각했다는 것을 알 수 있습니다.

» 글을 읽고 다음 문제를 풀어 보세요.

정답과 해설 22쪽

01 밑줄 친 부분에서 느낄 수 있는 글쓴이의 마음은 어떠한가요? ⎯⎯⎯⎯ [   ]

> 점심시간에 내가 정말 싫어하는 카레가 나왔다. 점심시간이 끝나가도록 숟가락을 끼적거리다 선생님에게 떨리는 목소리로 말했다.
> "선생님, 저 배가 아파요."
> 선생님이랑 눈도 마주치지 못했다. <u>내 거짓말을 눈치채셨으면 어떡하지?</u>

① 즐겁다.   ② 행복하다.

③ 불안하다.   ④ 심심하다.

» 글을 읽고 다음 문제를 풀어 보세요.

01 이 글에서 글쓴이가 전달하고자 하는 생각은 무엇인가요? ⸻⸻⸻ [　　]

> 소희와 교실 바닥에 앉아 공기놀이를 하고 있었다. 그런데 갑자기 규민이가 뛰어와 소희와 부딪쳤다. 규민이는 넘어지고, 소희는 아파서 '엉엉' 울었다. 둘 다 크게 다치지는 않았지만 정말 위험할 뻔했다. 교실에서 뛰어놀면 친구랑 부딪쳐 다칠 수도 있고, 책을 읽는 친구들에게 방해가 될 수도 있다. 교실에서는 뛰지 말아야 한다.

① 공기놀이는 재미있다.

② 교실에서 뛰지 말아야 한다.

③ 아픈 친구를 도와주어야 한다.

④ 책을 읽고 있는 친구를 방해하면 안 된다.

02 밑줄 친 부분에서 느낄 수 있는 글쓴이의 마음은 어떠한가요? ⸻⸻⸻ [　　]

> 우리 집 강아지 '하늘'이는 산책하는 것을 정말 좋아한다. 오늘은 날씨가 맑아서 산책하기 좋았다. 하늘이는 꽃향기를 맡고, 신나서 열심히 뛰기도 했다. 나도 덩달아서 기분이 좋아졌다.
> "하늘아, 한 바퀴 더 돌까?"

① 외롭다.　　　　　　　　② 화난다.

③ 즐겁다.　　　　　　　　④ 슬프다.

쓰기로 완성하기

≫ 글을 읽고 다음 문제를 풀어 보세요.

01 이 글에서 전달하고자 하는 글쓴이의 생각을 보기 에서 골라 빈칸에 써 보세요.

> 오늘 학교에서 산으로 소풍을 갔다. 산에는 분홍색 진달래꽃이 예쁘게 피어 있었다. 그런데 몇몇 친구들이 꽃을 꺾어서 귀에 꽂고 커다란 나뭇가지를 꺾어 칼싸움도 했다. 꽃과 나무에게도 생명이 있을 텐데, 함부로 꺾어서 속상했다. 자연을 조금 더 소중히 여기면 좋겠다.

보기   소중히   함부로

➡ 자연을 ＿＿＿＿＿＿ 여겨야 한다.

02 밑줄 친 부분에서 느낄 수 있는 글쓴이의 마음을 보기 에서 골라 빈칸에 써 보세요.

> 미정이와 다투었다. 학교에 갈 때 편의점 앞에서 만나 같이 가기로 했는데, 미정이가 먼저 가 버렸기 때문이다. '고작 3분도 기다려 주지 못하다니!' 나는 화가 나서 학교에서 미정이랑 말을 하지 않았다.
> 학교가 끝나고 집에도 혼자 갔다. 그런데 점점 발걸음이 느려졌다. '뒤에 미정이가 오지는 않을까?' 슬며시 고개를 돌려 봤다. 미정이는 보이지 않았다. <u>'내가 늦었으면서 괜히 미정이한테 화를 냈어. 내일 만나면 사과해야지.'</u>

보기   후회하는   즐거운

확인

➡ ＿＿＿＿＿＿ 마음

독해 적용

22회

공기놀이 _ 문현식

» 다음 낱말 카드를 보고, 빈칸에 알맞은 낱말을 써 보세요.

공깃돌	차례	편
		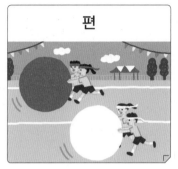

1. 청팀, 백팀으로 [ ]을 나누었습니다.

2. 버스 정류장에서 내 [ ][ ]를 기다렸습니다.

3. 친구와 [ ][ ][ ]로 공기놀이를 했습니다.

친구들과 편을 나눠 공기놀이를 할 때, 빨리 내 차례가 되길 기다려 본 적이 있나요? 그 기억을 떠올리며 「공기놀이」라는 시를 읽어 보아요.

» 다음 시를 읽고 질문에 답하세요.

공기놀이

문현식

쉬는 시간이 시작되자마자
공기할 사람 모이자마자
엉덩이를 바닥에 붙이자마자
㉠쫄려도 한판으로 편짜자마자
던지는 순서 정하자마자
공깃돌을 꺼내자마자
연습하면서
내 차례를 한참 기다리다가
이제 막 공깃돌 하나 던지려 하자마자
㉡쉬는 시간 끝나는 종이 울린다.

꼭 그런다.

1 이 시에서 공기놀이를 한 시간은 언제인가요? ──────── [   ]

① 공부 시간   ② 체육 시간

③ 쉬는 시간   ④ 미술 시간

2 이 시를 읽고 떠오르는 장면이 <u>아닌</u> 것은 무엇인가요? ──────── [   ]

① 아이들이 모여드는 장면

② 바닥에 앉는 장면

③ 편을 나누는 장면

④ 옆 사람에게 공깃돌을 건네는 장면

3 밑줄 친 ㉠은 어떤 뜻인가요? ──────── [   ]

① 사람 수가 적다.

② 시간이 부족하다.

③ 공깃돌이 부족하다.

④ 우리 편이 잘 못한다.

독해 기술 **4** 밑줄 친 ㉡에서 느낄 수 있는 글쓴이의 마음은 어떠한가요? ──────── [   ]

① 기쁘다.   ② 아쉽다.

③ 재미있다.   ④ 행복하다.

5 이 시를 <u>잘못</u> 이해한 친구는 누구인가요? ⸺⸺⸺⸺⸺ [　　]

① 지수: 공기놀이는 연습을 많이 해야 해.

② 나리: 공기놀이하는 모습을 자세히 표현했어.

③ 다겸: 이 시를 읽으니 친구들과 공기놀이했던 일이 떠올라.

④ 우현: 내 차례가 됐을 때 종이 치면 정말 아쉬울 것 같아.

6 보기 의 낱말을 빈칸에 알맞게 넣어 이 시의 내용을 정리해 보세요.

> 보기
>
> 종　　순서　　공깃돌

> 공기놀이를 하려고 모이자마자, (1)[　][　]를 정하자마
>
> 자, 한참 기다리다가 (2)[　][　][　] 하나 던지려 하자마
>
> 자, 쉬는 시간 끝나는 (3)[　]이 울렸다.

확인

독해 적용

23회

집안일을 나누어요

독해가 쉬워지는 낱말

» 다음 낱말 카드를 보고, 빈칸에 알맞은 낱말을 써 보세요.

빨래	분리배출	요리

1. 아빠가 고기로 맛있는 ☐☐ 를 합니다.

2. ☐☐ 가 끝난 뒤 옷을 털어 건조대에 널었습니다.

3. 쓰레기를 버릴 때는 ☐☐☐☐ 을 해야 합니다.

독해가 쉬워지는 한마디

　집안일은 가족 모두가 나눠서 해야 해요. 집안일을 나누면 어떤 점이 좋은지 알아보아요.

독해력을 올리는
지문 듣기

QR코드를 찍어서 지문을 들어 보세요.

» **다음 글을 읽고 질문에 답하세요.**

요리, 청소, 빨래, 쓰레기 ◆분리배출 등 집안일은 무척 많습니다. 이 많은 집안일을 혼자서 한다면 얼마나 힘들까요? 집은 가족이 같이 사는 곳입니다. 따라서 집안일도 가족 모두가 나누어 해야 합니다. 집안일을 나누면 어떤 점이 좋은지 알아봅시다.

첫째, 집안일을 빨리할 수 있습니다. 한 사람이 하면 5시간이 걸릴 일을, 다섯 명이 나누면 1시간 만에 끝낼 수 있습니다. 자신이 잘하거나 좋아하는 일을 맡으면 걸리는 시간은 더 짧아지기도 합니다.

둘째, ◆책임감을 기를 수 있습니다. 해야 할 일이 정해져 있지 않으면, 다른 사람에게 미루기 쉽습니다. 하지만 집안일을 나누어 자신이 해야 할 일이 ㉠명확하게 정해지면, 그 일에 책임감을 갖게 됩니다. 어릴 때부터 책임감을 갖춘 아이들은 어른이 되어서도, 스스로 자신의 일을 해결할 수 있습니다.

이렇듯 집안일을 나눠서 하면 집안일을 빨리 끝낼 수 있고, 책임감도 기를 수 있습니다. 이제부터라도 가족과 집안일을 나눠서 합시다.

◆ **분리배출** 쓰레기 따위를 종류별로 나누어서 버림.

◆ **책임감** 맡아서 해야 할 임무나 의무를 중히 여기는 마음.

1 이 글의 중심 낱말은 무엇인가요? ⸺⸺⸺⸺⸺⸺ [　　]

① 시간　　　　② 달인　　　　③ 책임감　　　　④ 집안일

독해 기술 **2** 이 글에서 글쓴이가 전달하고자 하는 생각은 무엇인가요? ⸺⸺ [　　]

① 집안일은 매일 해야 한다.

② 집안일은 혼자 해야 한다.

③ 집안일을 나눠서 해야 한다.

④ 쓰레기를 분리배출해야 한다.

3 밑줄 친 ㉠과 바꿔 쓸 수 <u>없는</u> 말은 무엇인가요? ⸺⸺⸺ [　　]

① 정확하게

② 자유롭게

③ 확실하게

④ 분명하게

4 집안일을 나눠서 하면 좋은 점은 무엇인가요? (정답 2개) ⸺⸺ [　,　]

① 집이 더러워진다.

② 책임감을 기를 수 있다.

③ 집안일을 빨리 끝낼 수 있다.

④ 서로에게 집안일을 미룰 수 있다.

5 이 글의 내용과 맞으면 '예', 틀리면 '아니요'에 색칠하세요.

(1) 집안일을 혼자서 한다면 무척 힘들 것이다. ———————— | 예 | 아니요 |

(2) 집안일을 나눠서 할 때 잘하거나 좋아하는 일을 맡으면 더 빨리 할 수 있다. ———————— | 예 | 아니요 |

(3) 어른들만 집안일을 해야 한다. ———————— | 예 | 아니요 |

6 보기의 낱말을 빈칸에 알맞게 넣어 이 글의 내용을 정리해 보세요.

> 보기
>
> 집안일   책임감   빨리

(1) ☐☐☐ 을 나눠서 하면 집안일을 (2) ☐☐ 끝낼 수 있고, (3) ☐☐☐ 도 기를 수 있다. 집안일은 가족 모두가 나눠서 해야 한다.

확인

24회
돌고래를 바다로 돌려보내 주세요

독해가
쉬워지는
낱말

» 다음 낱말 카드를 보고, 빈칸에 알맞은 낱말을 써 보세요.

수족관

돌고래

1. 친구들과 신기한 물 속 생물을 보러 ☐☐☐에 갔습니다.

2. 수족관에서 새하얀 ☐☐☐를 보았습니다.

독해가
쉬워지는
한마디

　　수족관에 가면 돌고래를 볼 수 있어요. 그런데 돌고래의 집은 수족관이 아니라 바다예요. 돌고래가 수족관에서 어떻게 살고 있는지 알아보아요.

» **다음 글을 읽고 질문에 답하세요.**

   수족관에서 '돌고래를 본 적이 있나요? 우리는 수족관에서 먹이를 받아먹거나 *재주를 부리는 돌고래를 보면서 즐거운 시간을 보냅니다. 그런데 정작 돌고래는 수족관에서 행복할까요?

㉠   수족관에 사는 돌고래는 바다에 사는 돌고래보다 행복하지 않습니다. 어쩌면 고통스럽게 살고 있을 수도 있습니다. 돌고래의 집은 바다입니다. 하루에 100킬로미터 이상 헤엄을 치고, 12킬로그램 가량의 물고기를 잡아먹으며, 여러 마리가 무리지어 삽니다. 그러나 수족관에 사는 돌고래는 몇 미터밖에 안 되는 좁은 공간에 갇혀, 사람이 주는 먹이만 먹으며 외롭게 살아갑니다. 그러다 보니 수족관에 사는 돌고래는 일찍 세상을 떠납니다. 바다에 사는 돌고래의 수명은 30년 이상인데, 수족관에 사는 돌고래는 4년 정도밖에 살지 못합니다. 그리고 수족관에서 낳은 새끼들도 제대로 크지 못하고 대부분 죽습니다.

   이런 사실이 알려지면서 돌고래를 다시 바다로 돌려보내자는 목소리가 높아지고 있습니다. 최근 몇몇 나라에서 돌고래 쇼를 없애고, 돌고래를 바다로 되돌려 보내기도 했습니다. 하지만 우리나라를 비롯해 많은 나라의 수족관에는 아직도 돌고래가 많습니다.

   많은 사람이 돌고래를 자연으로 돌려보내 고통에서 벗어날 수 있도록 해야 한다고 생각하고 있습니다. 모든 돌고래가 드넓은 바다에서 마음껏 헤엄치며 살아갈 수 있도록 더욱 적극적인 노력이 필요합니다.

◆ **재주** 무엇을 잘할 수 있는 타고난 능력과 슬기.

독해 기술 **1** 이 글에서 글쓴이가 전달하고자 하는 생각은 무엇인가요? ――――― [   ]

① 돌고래 쇼는 멋있다.

② 수족관이 없어지고 있다.

③ 돌고래는 아주 똑똑한 동물이다.

④ 돌고래를 바다로 돌려보내야 한다.

2 ㉮에서 나타난 '바다에 사는 돌고래'의 특징으로 틀린 것은 무엇인가요?

――――――――――――――――――――――――――――――――― [   ]

① 하루에 100킬로미터 이상 헤엄을 친다.

② 하루에 12킬로그램 가량의 물고기를 잡아먹는다.

③ 여러 마리가 무리지어 살아간다.

④ 보통 수명이 4년 정도이다.

3 이 글의 내용과 맞으면 '예', 틀리면 '아니요'에 색칠하세요.

(1) 수족관에 사는 돌고래의 수명은 4년 정도이다. ――― | 예 | 아니요 |

(2) 몇몇 나라에서 돌고래를 바다로 돌려보내고 있다.

――――――――――――――――――――――――――― | 예 | 아니요 |

(3) 아직도 많은 돌고래가 수족관에서 살고 있다. ――― | 예 | 아니요 |

4 이 글을 읽고 대답할 수 없는 질문은 무엇인가요? ――――――― [   ]

① 바다에 사는 돌고래는 보통 몇 년 정도 살까?

② 수족관에서 낳은 새끼 돌고래는 잘살 수 있을까?

③ 우리나라 수족관에는 돌고래가 살고 있을까?

④ 전 세계 수족관에 살고 있는 돌고래는 모두 몇 마리일까?

5 이 글을 잘 이해한 친구는 누구인가요? ─────────────── [   ]

① 하늘: 돌고래 쇼가 유명해질 수 있도록 노력해야 한다.

② 별빛: 돌고래를 바다로 돌려보내기 위해 노력해야 한다.

③ 호수: 돌고래 수족관이 더 많이 생길 수 있도록 노력해야 한다.

④ 태양: 바다에 사는 돌고래를 수족관으로 데리고 올 수 있도록 노력해야 한다.

6 보기 속 낱말을 빈칸에 알맞게 넣어 이 글을 정리해 보세요.

보기

바다   수족관   노력

(1) ☐☐☐ 에 사는 돌고래는 바다에 사는 돌고래보다 행복하지 않다. 이러한 까닭으로 돌고래를 다시 (2) ☐☐ 로 돌려보내자는 목소리가 높아지고 있다. 모든 돌고래가 드넓은 바다에서 마음껏 헤엄치며 살아갈 수 있도록 모두의 (3) ☐☐ 이 필요하다.

확인

독해 적용

25회

자존감을 키우자!

독해가 쉬워지는 낱말

» 다음 낱말 카드를 보고, 빈칸에 알맞은 낱말을 써 보세요.

관찰	비교	자존감

1. 나는 곤충을 ☐☐ 하는 것이 재미있습니다.

2. 나와 아빠의 키를 ☐☐ 하면, 나는 아빠보다 키가 작습니다.

3. ☐☐☐ 은 있는 그대로의 나를 소중히 여기는 마음입니다.

독해가 쉬워지는 한마디

'자존감'이란 자신을 존중하고 사랑하는 마음이에요. 자존감이 잘 형성된 사람은 자신을 소중히 여기고, 다른 사람과 좋은 관계를 유지할 수 있어요. 자존감을 키우는 방법에 대해서 알아보아요.

» **다음 글을 읽고 질문에 답하세요.**

'자존감'이란 자신을 사랑하고 소중히 여기는 마음을 말합니다. 자존감이 높은 사람은 대부분 행복한 삶을 삽니다. 그렇다면 어떻게 해야 자존감을 키울 수 있을까요?

첫째, 다른 사람과 나를 비교하지 말아야 합니다. ◆외모, 성적, 운동 등으로 친구와 비교하고, 내가 부족하다고 여기면 자존감이 떨어집니다. 사람은 모두 다르게 태어났습니다. 또 잘하고 못하는 것도 저마다 다릅니다. 그런데 모든 것을 남과 비교하면 나의 좋은 점보다는 나의 부족한 점을 많이 보게 됩니다. 그러므로 친구들과 나의 서로 다른 점을 비교하여 어느 것이 더 낫다고 할 수 없습니다.

둘째, 나를 잘 관찰할 줄 알아야 합니다. 무엇을 할 때 내가 가장 즐거운지 생각하며, 내가 좋아하는 일을 찾습니다. 좋아하는 일을 찾아서 하다 보면 삶이 행복해지는 것을 느낄 수 있습니다. 또 좋아하는 것을 즐겁게 하다 보면 더 잘하게 됩니다. 그러면 저절로 자존감이 높아집니다.

마지막으로 나를 있는 그대로 사랑해야 합니다. 세상에 완벽한 사람은 아무도 없습니다. 서로 부족한 부분을 채우고 도우며 살아갑니다. 내가 나를 사랑할 때, 다른 사람들도 나를 존중해 줍니다. 그리고 나를 존중해 주는 친구들과 함께할 때 즐거운 학교생활을 할 수 있습니다.

◆ **외모** 겉으로 드러나 보이는 모습.

1 이 글의 중심 낱말은 무엇인가요? ─────────────────── [　　]

① 비교　　　　② 친구　　　　③ 학교　　　　④ 자존감

독해 기술

2 이 글에서 글쓴이가 전달하고자 하는 생각은 무엇인가요? ─────── [　　]

① 세상에 완벽한 사람은 없다.

② 사람은 모두 다르게 태어났다.

③ 자존감이 높은 사람은 모두 행복하다.

④ 자신을 사랑하고 소중히 여겨야 한다.

3 ㉮의 내용과 맞으면 '예', 틀리면 '아니요'에 색칠하세요.

(1) 좋아하는 것을 찾아서 하다 보면 행복해진다. ─────── | 예 | 아니요 |

(2) 좋아하는 것을 즐겁게 하다 보면 더 잘할 수 있다. ── | 예 | 아니요 |

4 이 글을 읽고 '자존감'에 대해 바르게 말한 친구의 이름을 써 보세요.

자존감이란 자신을 사랑하고 소중히 여기는 마음을 말해.

은하

친구들과 비교하면서 나의 좋은 점을 찾으면 자존감을 높일 수 있어.

윤후

학교에서 친구들과 함께 지내다 보면 자존감이 커져.

시아

5 '자존감을 키우는 방법'에 대한 질문에 답하면서 길을 찾아가 보세요.

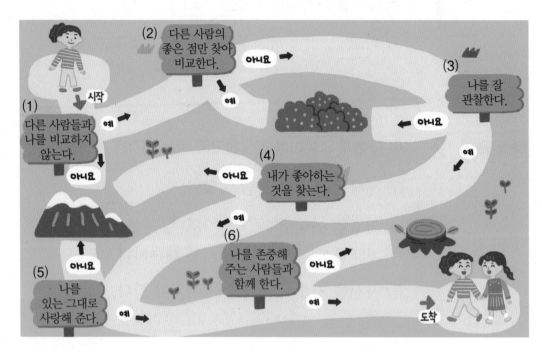

6 보기 의 낱말을 빈칸에 알맞게 넣어 이 글의 내용을 정리해 보세요.

> **보기**
>
> 비교   사랑   관찰   자존감

(1) ☐☐☐ 을 키우려면 첫째, 다른 사람들과 나를 (2) ☐☐ 하지 않아야 한다. 둘째, 나를 잘 (3) ☐☐ 할 줄 알아야 한다. 마지막으로 나를 있는 그대로 (4) ☐☐ 해 야 한다.

확인

독해력으로 명탐정 되기!

지금 여러분은 영화를 찍고 있는 주인공 배우가 되었습니다.

어떤 순간을 연기하냐고요? 전학을 가게 되어 친구에게 작별의 말을 건네고 있는 순간입니다.

대사 속 담겨 있는 주인공의 마음을 잘 표현해 봐요!

❓ 여러분은 어떤 표정으로 연기를 해야 할까요?

6주차

독해 기술

26회

경험을 떠올리며 읽기

경험을 떠올리며 읽기란?

글을 읽을 때, 자연스레 글과 관련된 자신의 경험을 떠올리게 돼요. 이렇게 자신의 **경험을 떠올려서** 글을 읽으면 글의 상황을 이해할 수 있고, 등장인물에 공감을 할 수 있으므로 글의 내용을 더 쉽게 이해할 수 있어요.

경험을 떠올리며 읽는 방법

글 속에서 벌어지는 사건이나 등장인물이 처한 상황을 잘 살피고, 나도 비슷한 경험을 한 적이 있는지 떠올려 보아요.

경험해 보지 못한 일은 내가 글 속의 인물이 됐을 때를 상상하거나 그 일이 벌어졌을 때를 짐작하면서 읽어요.

> **예시**
>
> 몸이 녹을 만큼 더운 날, 친구들과 물총 놀이를 했다. 페트병에 구멍을 뚫은 뒤 물을 담아 쏘았고, 바가지에 물을 퍼서 뿌리기도 했다. 물 풍선도 던졌다. 더위가 순식간에 날아갈 만큼 시원하고 즐거웠다.

지난 주말에 물총 놀이를 했어! 물총 놀이는 정말 재미있어!

물총 놀이라고? 한 번도 안 해 봤지만, 물총 놀이를 하면 시원하고 재미있을 것 같아.

하윤

→ 하윤이는 물총 놀이를 한 경험을 떠올리며 글을 읽었어요.

윤후

→ 윤후는 물총 놀이를 한 경험이 없지만, 물총 놀이를 하면 어떨지 생각하며 글을 읽었어요.

따라서 풀어보기

이 글을 읽으면서 떠올린 경험으로 가장 적절한 말을 한 친구는 누구인가요? —— [   ]

> 운동장에서 개미떼를 발견했다. 개미떼는 자기 몸보다 더 큰 죽은 지렁이를 짊어지고 가고 있었다. 힘을 합쳐서 먹이를 나르는 것을 보니, 개미들은 서로 마음이 잘 맞는가 보다.

① 시온: 나도 개미들이 사탕을 옮기는 것을 봤는데 협동심이 대단했어.

② 가온: 나는 운동장에서 개미들이 줄지어 가는 모습을 봤는데 검은 선 같았어.

정답 ①

풀이 이 글의 중심 내용은 개미가 힘을 합쳐 짐(먹이)을 나르는 것입니다. 따라서 개미들이 사탕 옮기는 것을 본 경험을 떠올린 시온이가 정답입니다.

» 글을 읽고 다음 문제를 풀어 보세요.

정답과 해설 27쪽

01 이 글을 읽으면서 떠올린 경험으로 가장 적절한 말을 한 친구는 누구인가요? ……… [   ]

> 나는 왜 수다를 멈추지 못하는 걸까? 아침에 학교에 오자마자 친구들에게 어제 있었던 일을 신나게 이야기했어. 아침 청소 당번이었는데 청소도 안 하고 말이야. 그리고 수업 시간에는 갑자기 오늘이 진영이 생일인 것이 떠올라서 짝꿍에게 이야기하다가 선생님께 혼났어.

① 민율: 친구의 생일을 깜박해서 친구가 토라진 적이 있어.

② 소빈: 수업 시간에 짝꿍이랑 떠들다가 선생님께 혼난 적이 있어.

» 글을 읽고 다음 문제를 풀어 보세요.

01 이 글을 읽으면서 떠올린 경험으로 가장 적절한 말을 한 친구는 누구인가요? ...... [　　]

> "학교 끝나고 놀 수 있어?"
> "오늘 피아노, 수영 학원 끝나면 오후 5시야."
> "나도 한자, 미술 학원 갔다 오면 오후 5시니까, 그때 놀이터에서 보자!"
> 지영이랑 놀기로 하고 약속 시간을 정했다. 일단 약속 시간은 정했지만 엄마가 허락해 주실지 걱정이다. 놀고 싶은데 너무 바빠서 놀 시간이 없다.

① 재환: 나도 학원을 3개나 다녀. 하루 종일 놀이터에서 노는 것이 소원이야.

② 하연: 수업 시간에 집중을 했더니 학원을 다닐 필요가 없었어.

02 이 글을 읽으면서 떠올린 경험으로 가장 적절한 말을 한 친구는 누구인가요? ...... [　　]

> 안녕하세요, 선생님! 저 형식이에요. 선생님께 부탁드릴 것이 있어서 이렇게 편지를 써요. 선생님께서 저희가 떠들지 않고 공부할 수 있도록 자리 배치를 해 주신다는 것을 알고 있어요. 그리고 짝이 두 번 되지 않게 정해 주시는 것도 알고요. 하지만 선생님, 이제 곧 방학인데 딱 한 번만 원하는 친구와 짝꿍이 되게 해 주세요. 떠들지 않고 열심히 공부 열심히 할게요, 선생님! 꼭 부탁드려요.

① 찬혁: 친한 친구랑 같은 모둠이 되고 싶어서 선생님께 편지를 쓴 적이 있어.

② 지수: 공부를 잘하는 친구와 짝꿍이 되었더니 성적이 오른 적이 있어.

쓰기로 완성하기

» 글을 읽고 다음 문제를 풀어 보세요.

01 이 글을 읽고 떠오르는 경험을 자유롭게 써 보세요.

> "아빠! 심심해요. 우리 축구해요."
> 아빠는 공을 살살 차야 하는데, 정말 세게 찬다. 공을 주우러 갈 때마다 왠지 억울한 생각이 든다. 나는 있는 힘껏 공을 차 보아도, 아빠처럼 멀리 날아가지 않아서 조금 속상하다. 그래도 아빠와 축구 하는 것은 정말 재미있다.

➡ 나는 ＿＿＿＿＿＿＿＿＿＿＿＿＿＿＿＿ 경험이 있다.

02 이 글의 주인공처럼 시골에 간다면 어떤 경험을 하고 싶은지 써 보세요.

> 우리 외할머니 댁은 아주 멀다. 차를 오래 타고 가야 나오는 시골이다. 가는 길은 힘들지만 일단 도착하면 놀 거리가 많아서 참 좋다. 집 앞 커다란 감나무에서 할아버지와 감을 따고, 뒷산에 올라 밤도 줍는다. 또 동네 형, 누나들과 개울가 다리 밑에서 송사리 같은 작은 물고기를 잡는다. 시골에 와서 놀다 보면 하루가 뚝딱 하고 금방 지나간다.

➡ 나는 시골에 가면 ＿＿＿＿＿＿＿＿＿＿＿＿＿ 싶다.

확인

독해 적용
27회 섬에서 보내는 편지

독해가
쉬워지는
낱말

» 다음 낱말 카드를 보고, 빈칸에 알맞은 낱말을 써 보세요.

섬	호미	수목원

1. 배를 타고 ☐ 에 들어갔습니다.

2. 밭에서 ☐☐ 로 고구마를 캤습니다.

3. ☐☐☐ 에는 나무가 많아 공기가 매우 좋습니다.

독해가
쉬워지는
한마디

　　섬에서는 어떤 경험을 할 수 있을까요? 민지가 쓴 편지를 읽고, 내가 섬에 간다면 어떤 경험을 하고 싶은지 생각해 보아요.

» 다음 글을 읽고 질문에 답하세요.

보고 싶은 나영이에게

나영아, 잘 지내고 있지? 나도 잘 지내. 아직 새 친구들과는 어색하지만 그래도 다들 나한테 잘해 줘. 여기로 이사 온 지 벌써 한 달이 넘었어. 이제야 이 동네가 조금 익숙해졌어. 내가 이사 온 곳을 소개해 줄게.

내가 이사 온 곳은 '안면도'라는 섬이야. 온통 바다로 둘러싸여 있는 땅을 섬이라고 한대. 하지만 안면도는 육지랑 다리로도 연결되어 있어. 그래서 섬이지만 자동차로 왔다 갔다 할 수 있어. 처음 이곳에 올 때도 자동차를 타고 왔어. 3시간이나 걸렸는데, 멀미가 나서 너무 힘들었어.

그래도 여긴 바다가 있어서 좋아. 바다가 정말 가까워. 지난번에는 친구들이랑 바다에서 조개를 캤어. 바닷물이 빠져나가면 젖은 모래가 보여. 모래를 호미로 파면 검은 흙이 나와. 그 흙 속에 조개가 엄청 많아. 난 비닐봉지 하나 가득 조개를 캤어. 진짜 재미있었어. 너도 같이했으면 좋았을 텐데, 아쉽다.

그리고 근처에 수목원이 있는데 나무랑 꽃이 정말 예뻐. 그래서 사람들이 많이 놀러 온대.

나영아, 방학에 우리 집에 놀러 오지 않을래? 내가 조개 캐는 법을 알려 주고 수목원도 보여 줄게. 꼭 놀러 와! 정말 네가 보고 싶어. 나영아, 잘 지내고 꼭 답장해 줘. 사랑해!

20○○년 ○월 ○일
너의 영원한 친구 민지가

1 이 편지에 담겨 있지 <u>않은</u> 내용은 무엇인가요? ───── [   ]

① 인사말   ② 자기소개
③ 보낸 사람   ④ 받는 사람

2 민지가 나영이에게 편지를 쓴 까닭은 무엇인가요? ───── [   ]

① 위로를 해 주기 위해서
② 생일에 초대를 하기 위해서
③ 고마운 마음을 전하기 위해서
④ 이사 온 곳을 소개하기 위해서

3 '안면도'에 대한 설명으로 <u>틀린</u> 것은 무엇인가요? ───── [   ]

① 바다에 둘러싸여 있다.
② 서울에서 차를 타고 갈 수 없다.
③ 조개를 캘 수 있다.
④ 근처에 수목원이 있다.

4 민지와 나영이는 어떤 사이인가요? ───── [   ]

① 친구   ② 자매
③ 사촌   ④ 선생님과 제자

이 글을 읽으면서 떠올린 경험으로 가장 적절한 말을 한 친구는 누구인가요?

[   ]

① 지훈: 수영장에 놀러 가 본 적이 있어.

② 지아: 친구들과 축구를 하면 정말 즐거워.

③ 은지: 내 친구도 전학 갔는데, 너무 보고 싶어.

④ 은호: 가족들이랑 놀이 공원에 놀러 간 경험이 떠올랐어.

6 보기의 낱말을 빈칸에 알맞게 넣어 이 글의 내용을 정리해 보세요.

> 보기
>
> 수목원   안면도   답장   바다

나영아, 잘 지내고 있지? 내가 이사 온 곳은 '⁽¹⁾[ ][ ][ ]', 라는 섬이야. 여기는 ⁽²⁾[ ][ ]가 매우 가까워. 지난번에는 친구들이랑 조개를 캤어. 그리고 근처에 ⁽³⁾[ ][ ][ ]도 있어. 나영아, 방학에 우리 집에 놀러 오지 않을래? 잘 지내고 꼭 ⁽⁴⁾[ ][ ]해 줘.

확인

독해 적용 28회

작은 친절을 베풀어요

》다음 낱말 카드를 보고, 빈칸에 알맞은 낱말을 써 보세요.

친절	화제	실천

1. 방학 동안 세운 계획을 ☐☐ 해야 합니다.

2. 도움이 필요한 사람에게 ☐☐ 을 베풀어야 합니다.

3. 소영이가 어린이를 구한 일이 ☐☐ 가 되었습니다.

비 오는 날, 우산이 없을 때 누군가 우산을 씌워 준다면 정말 고마운 일일 거예요. 세상에는 이런 작은 친절을 베푼 이야기가 참 많아요. 우리 함께 작은 친절을 베푼 이야기를 읽어 보아요.

독해력을 올리는
지문 듣기

QR코드를 찍어서 지문을 들어 보세요.

» 다음 글을 읽고 질문에 답하세요.

다른 사람을 돕는 일은 생각보다 쉽습니다. 일상생활에서 베푸는 작은 친절로 다른 사람을 도울 수 있기 때문입니다. 작은 친절을 베푼 두 가지 예를 살펴봅시다.

비 오는 날, 우산이 없던 학생이 어떤 아주머니의 도움을 받았습니다. 마침 우산을 두 개 가지고 있던 아주머니가 한 개를 건네준 것입니다. 학생은 아주머니가 무척 고마웠습니다. 그리고 ㉠며칠 뒤, 또 비가 내렸습니다. 학생은 슈퍼에 나가며 혹시나 싶어 우산을 두 개 챙겼습니다. 그리고 슈퍼 앞에서 우산이 없어 쩔쩔매는 사람에게 하나를 건네주었습니다. 지난번 자신이 받았던 작은 친절을 기억하고, 자신도 작은 친절을 베푼 것입니다.

또 얼마 전, 인터넷에서 시원한 음료수가 담긴 아이스박스 사진이 화제가 되었습니다. 더운 날 고생하는 택배 기사를 위해 누군가 아이스박스에 시원한 음료수를 넣어 둔 것입니다. 이 사진은 사람들의 마음을 따뜻하게 해 주었습니다.

이렇듯 작은 친절이 받는 사람에게는 커다란 도움이 될 수 있습니다. 또 받는 사람과 주위 사람들에게 감동을 주기도 합니다. 여러분들도 주변 사람들에게 작은 친절을 베풀어 보면 어떨까요?

1 이 글의 중심 낱말은 무엇인가요? ⎯⎯⎯⎯⎯⎯⎯⎯⎯⎯ [   ]

① 기부   ② 친절   ③ 봉사   ④ 배려

2 이 글의 중심 내용은 무엇인가요? ⎯⎯⎯⎯⎯⎯⎯⎯⎯⎯ [   ]

① 작은 친절로 다른 사람을 도울 수 있다.

② 특별한 날에만 다른 사람을 도울 수 있다.

③ 특정한 사람만 다른 사람을 도울 수 있다.

④ 큰돈이 있어야만 다른 사람을 도울 수 있다.

3 학생은 왜 ㉠처럼 행동했나요? ⎯⎯⎯⎯⎯⎯⎯⎯⎯⎯ [   ]

① 엄마에게 주기 위해서

② 슈퍼에 맡기기 위해서

③ 우산이 고장 날까 걱정되어서

④ 우산이 없는 사람에게 주기 위해서

독해 기술 **4** 이 글을 읽으면서 떠올린 경험으로 가장 적절한 말을 한 친구는 누구인가요?

⎯⎯⎯⎯⎯⎯⎯⎯⎯⎯ [   ]

① 혜정: 친구랑 싸우고 나면 기분이 안 좋아.

② 윤혁: 생일날 부모님이 선물을 주셔서 감사했어.

③ 가빈: 심부름을 하고 용돈을 받았는데 기분이 좋았어.

④ 민현: 나도 친구가 우산을 빌려준 적이 있어. 정말 고마웠지.

5 이 글에서 이야기하고 있는 내용을 실천한 모습이 <u>아닌</u> 것은 무엇인가요?

[   ]

①

②

③

④

6 보기 의 낱말을 빈칸에 알맞게 넣어 이 글의 내용을 정리해 보세요.

> **보기**
>
> 커다란   다른 사람   작은

작은 친절로 (1)[ ][ ][ ][ ] 을 도울 수 있다.
(2)[ ][ ] 친절이 받는 사람에게는 (3)[ ][ ][ ]
도움이 될 수 있다.

확인

독해 적용

29회

단풍잎의 비밀

독해가 쉬워지는 낱말

» 다음 낱말 카드를 보고, 빈칸에 알맞은 낱말을 써 보세요.

단풍잎	가을	자연
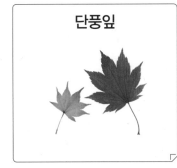		

1. 나무, 풀, 꽃 등 ☐☐ 을 보호해야 합니다.

2. 봄에는 벚꽃 구경을, ☐☐ 에는 단풍 구경을 갑니다.

3. ☐☐☐ 은 가을에 볼 수 있는 울긋불긋한 나뭇잎입니다.

독해가 쉬워지는 한마디

　가을이면 온 산에 울긋불긋 단풍이 들어요. 단풍잎을 본 경험을 떠올리며, 가을에 단풍이 드는 까닭을 알아보아요.

독해 완성하기

독해력을 올리는
지문 듣기

QR코드를 찍어서 지문을 들어 보세요.

» 다음 글을 읽고 질문에 답하세요.

오늘 가족들과 함께 단풍 구경을 하러 속리산으로 향했다. 속리산은 높고 파란 가을 하늘 아래 온통 노랗고 빨갛게 물들어 있었다. 봄이나 여름에 보았던 푸르른 모습과는 또 다른 풍경이 무척 신기했다. 나는 아빠에게 왜 가을이 되면 나뭇잎의 색이 변하는지 여쭈어 보았다.

"우리 눈에는 나뭇잎이 초록색으로 보이지만, 사실 나뭇잎에는 여러 가지 색을 띠는 물질이 들어 있어. 가을이 되면 나뭇잎을 초록색으로 보이게 하는 '◆엽록소'가 줄어들고 다른 물질의 색이 드러나 나뭇잎의 색이 변한단다."

"엽록소요?"

"식물은 물과 공기, 햇빛을 이용해 영양분을 만드는 '◆광합성' 작용이란 것을 한단다. 이때 가장 중요한 역할을 하는 게 바로 엽록소야. 그런데 날이 쌀쌀해지고 건조해지면 나무는 물을 조금만 쓰기 위해 물이 많이 필요한 광합성을 줄인단다. 그러면 당연히 엽록소도 줄어들겠지?"

"그런데 왜 단풍잎은 노랗기도 하고 빨갛기도 해요?"

"'카로틴'이라는 물질이 많으면 노란 단풍잎, '안토시아닌'이라는 물질이 많으면 빨간 단풍잎이 된단다. 카로틴과 안토시아닌의 양이 비슷하면 주황 단풍잎이 되고 말이야."

"정말 신기해요!"

"그렇지? 아빠도 늘 자연이 신기하단다."

◆ **엽록소** 광합성 작용을 하는 식물성 색소.

◆ **광합성** 지구의 식물이 빛을 이용하여 에너지를 저장하는 화학 작용.

1 이 글의 배경과 같은 풍경을 담고 있는 사진은 무엇인가요? ―――― [   ]

①

②

③

④

2 이 글을 읽고 대답할 수 <u>없는</u> 질문은 무엇인가요? ―――――――― [   ]

① 가을에 날씨는 왜 쌀쌀해질까?

② 주황 단풍잎은 어떻게 생기는 걸까?

③ 단풍잎은 어느 계절에 볼 수 있을까?

④ 나뭇잎이 초록색으로 보이는 까닭은 무엇일까?

3 다음 중 글쓴이의 생각이나 느낌에 해당하는 내용은 무엇인가요? ―――― [   ]

① 나무는 광합성을 통해 필요한 양분을 만든다.

② 엽록소가 나뭇잎을 초록색으로 보이게 한다.

③ 카로틴이라는 물질이 많으면 노란 단풍잎이 된다.

④ 어떤 물질이 많아지느냐에 따라 단풍잎 색이 달라지는 것이 정말 신기하다.

4 이 글을 읽고 각각의 단풍잎에 많이 들어있는 물질에 색칠하세요.

(1) 노란 단풍잎	(2) 빨간 단풍잎
카로틴 안토시아닌	카로틴 안토시아닌

독해 기술 **5** 이 글을 읽으면서 떠올린 경험으로 적절하지 <u>않은</u> 말을 한 친구는 누구인가요?

[   ]

① 재환: 가을 현장 학습으로 단풍 구경을 하러 갔었지.

② 하연: 그래 맞아. 노란 은행잎이 아주 예뻤어.

③ 홍빈: 그때 주워 온 빨간 단풍잎을 책갈피로 쓰고 있어.

④ 상희: 난 소나무의 짙은 초록색이 아직도 생생해.

6 보기 의 낱말을 빈칸에 알맞게 넣어 이 글의 내용을 정리해 보세요.

> **보기**
>
> 엽록소   노란   빨간

> 가을이 되면 날씨가 쌀쌀해지고 건조해진다. 이때 나무는 물을 조금만 쓰기 위해 나뭇잎의 (1) [ ][ ][ ] 를 줄여 광합성을 줄인다. 엽록소가 줄어들면서 '카로틴'이라는 물질이 많아지면 (2) [ ][ ] 단풍잎, '안토시아닌'이라는 물질이 많아지면 (3) [ ][ ] 단풍잎이 된다.

확인

야구 경기를 보러 가요

독해가
쉬워지는
낱말

» 다음 낱말 카드를 보고, 빈칸에 알맞은 낱말을 써 보세요.

타자	투수	응원

1. 우리 팀이 이기라고 ☐☐ 했습니다.

2. 야구에서 공을 치는 사람은 ☐☐ 입니다.

3. 야구에서 공을 던지는 사람은 ☐☐ 입니다.

독해가
쉬워지는
한마디

　　야구는 두 팀이 번갈아 가며 공을 치거나 받는 경기예요. 야구 규칙을 알면 야구 경기를 더 재미있게 볼 수 있어요. 야구에 대해 알아보아요.

» 다음 글을 읽고 질문에 답하세요.

20○○년 ○○월 ○○일 ○요일   날씨: 햇빛 쨍쨍

ㄱ우리 오빠는 학교 야구부 선수이다. 오늘은 오빠네 학교와 다른 학교가 야구 경기를 하는 날이다. 그래서 우리 가족 모두 오빠를 응원하기 위해 야구장에 갔다. 야구장은 엄청 넓었다. 우리 가족은 응원석에 자리를 잡고 앉았다.

야구장에 애국가가 울려 퍼지고, 경기가 시작되었다. ㄴ우리 오빠는 투수라서, 운동장 한가운데에서 상대 팀 타자에게 공을 던졌다. 상대 팀 타자는 오빠의 공을 치기 위해 야구 배트를 휘둘렀다.

"엄마, 어떻게 하면 점수가 나는 거예요?"

"저기 운동장에 보면 모서리 네 군데에 발판이 있어. 타자가 공을 친 뒤, 달려서 네 모서리를 다 밟고 한 바퀴 돌아오면 1점을 얻지."

엄마가 야구 규칙을 설명해 주셨지만, 너무 어려웠다.

야구 규칙이 어려워서 야구를 보는 것이 조금 지루해질 때쯤 "깡!" 하는 소리가 났다. ㄷ타자가 친 공이 멀리 날아와 우리 가족이 앉아 있는 응원석에 떨어졌다.

"우아, ◆홈런이다!"

사람들은 기뻐서 소리를 질렀다. 오빠네 팀에서 홈런을 친 것이었다. 홈런을 친 타자는 네 개의 발판을 밟으며 한 바퀴 돌아왔다. 그러자 야구장에 있는 커다란 화면에 숫자가 0에서 1로 바뀌었다.

그렇게 1 : 0으로 경기가 끝났다. ㄹ나는 오빠네 팀이 승리해 기분이 날아갈 것처럼 좋았다. 함께 응원을 한 사람들과 하나가 된 기분도 들었다.

◆ 홈런 친 공이 운동장을 넘어가거나 공이 멀리 날아가서 공을 친 사람이 점수를 얻는 것.

◆ 승리 겨루어서 이김.

1 이 글은 어떤 '운동' 경기에 대한 글인가요? ──────────── [   ]

① 야구   ② 축구   ③ 농구   ④ 배구

2 이 글을 읽고 떠오르는 모습이 <u>아닌</u> 것은 무엇인가요? ──────── [   ]

① 야구공을 던지는 모습

② 야구공을 점프해서 잡는 모습

③ 사람들이 소리를 지르는 모습

④ 커다란 화면에 점수가 바뀌는 모습

3 이 글의 내용과 <u>다른</u> 것은 무엇인가요? ──────────── [   ]

① 오빠네 팀과 다른 학교 팀이 야구 경기를 했다.

② 오빠는 투수이다.

③ 오빠가 홈런을 쳤다.

④ 오빠네 팀이 승리했다.

4 밑줄 친 ㉠~㉣ 중 '나'의 생각이나 느낌을 표현한 문장은 무엇인가요?

──────────────────────────── [   ]

① ㉠   ② ㉡   ③ ㉢   ④ ㉣

이 글을 읽으면서 떠올린 경험으로 가장 적절한 말을 한 친구는 누구인가요?

[   ]

① 시우: 나도 전학을 간 적이 있었는데 조금 떨렸어.

② 준우: 미술관에 간 적이 있는데 그림이 너무 예뻤어.

③ 현아: 가족들이 하나가 되려면 여행을 가는 게 최고야.

④ 민아: 지난주에 야구 경기를 보고 왔는데, 내가 응원한 팀이 이겨서 너무 기뻤어.

6 **보기**의 낱말을 빈칸에 알맞게 넣어 이 글의 내용을 정리해 보세요.

> **보기**
>
> 승리   야구장   규칙

> 가족 모두 ⁽¹⁾☐☐☐에 갔다. 엄마가 야구 ⁽²⁾☐☐을 설명해 주셨지만 좀 어려웠다. 야구를 보는 것이 지루해질 때쯤 오빠네 팀 타자가 홈런을 쳤다. 이날 경기는 오빠네 팀이 ⁽³⁾☐☐했다.

확인

·자신감 스티커·

글이 보인다!
자신감 상승!

독해력 자신감을 풀 때마다 '독해 일지'에 스티커를 붙여 학습 만족도를 확인하세요.

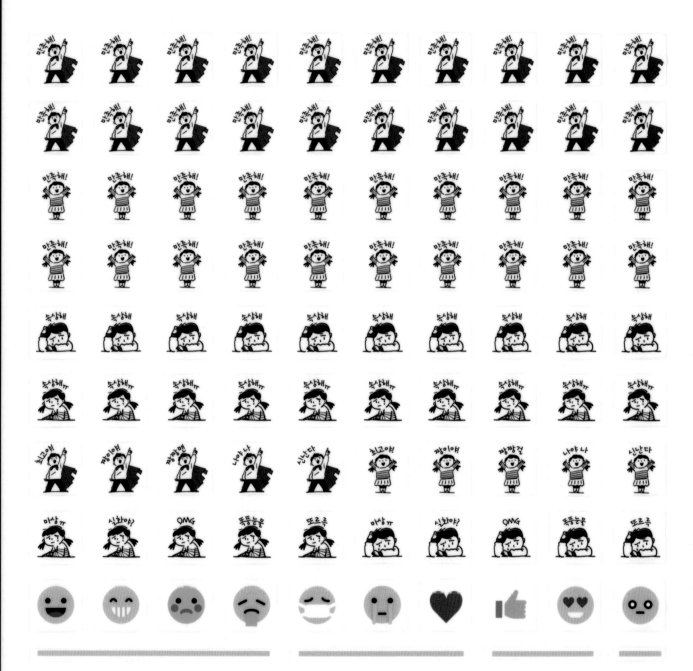

어머 만정! NICE 벌써 끝? ㅋ ㄴ(°0°)ㄱ YOLO ^으쓱으쓱^

이기 실화냐 Love myself ㅋ   열공중 전화해

ㅋ 할수있어!

물음표로 **생각의 크기**를 키우고, **고전**으로 **인문학**을 배운다!

물음표로 따라가는
인문고전

전 20권 완간

글 **박진형** 외 | 그림 **이현주** 외 | 각 권 값 **11,000~13,500원**

박씨전 / 흥부전 / 운영전 / 허생전 / 심청전 / 토끼전 / 홍길동전 / 금오신화 / 구운몽 / 춘향전 / 장화홍련전
최척전 / 이춘풍전 / 홍계월전 / 한중록 / 전우치전 / 삼국유사 / 바리데기 / 사씨남정기 / 임진록

올해의 청소년 교양도서 2017

2018, 2020 북토큰 선정도서

2018, 2019 아침독서 추천도서

한국어린이 교육문화연구원 으뜸책

물음표, 생각의 크기를 키우다

배경지식이 쌓이고 생각이 자라납니다.

고전과 인문학의 다리를 놓다

고전으로 토론하고, 다른 작품을 함께 살펴봐요.
생각의 폭이 넓어집니다.

독해력 자신감

초등 국어 **2**단계

정답과 해설

자신감 상승!!!

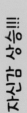

지학사

독해력 자신감 초등 2단계

정답과 해설

독해 기술
1 회

꾸며 주는 말 알기

따라서 풀어보기　8쪽

01　고양이가 (야옹) 울어요.

02　(귀여운) 새가 날아가요.

03　개구리가 (폴짝폴짝) 뛰어요.

04　언니가 노래를 (신나게) 불러요.

05　바구니에 (빨간) 사과가 담겨 있어요.

06　다람쥐가 입밥을 (오물오물) 먹어요.

07　종소리가 (댕댕) 퍼져 나가요.

신나게 연습하기　9쪽

01　개구리가 (주렁주렁, 엉금엉금) 기어갑니다.

02　별이 (반짝반짝, 도란도란) 빛납니다.

03　(노란, 검은) 해바라기가 피었습니다.

04　(까만, 하얀) 밤하늘에 달이 떴습니다.

05　(빨간, 파란) 딸기를 먹습니다.

06　단풍잎이 (파릇파릇, 울긋불긋) 물듭니다.

07　코코아가 (차갑게, 뜨겁게) 식어 갑니다.

08　땀방울이 (송골송골, 주룩주룩) 맺힙니다.

09　(딱딱한, 부드러운) 밤송이 가시에 손가락을 찔렸어요.

10　(어두운, 밝은) 태양이 바다 위로 떠오릅니다.

쓰기로 완성하기　10쪽

01　함박눈이 펑펑 내립니다.

02　나무 위에는 하얀 눈이 쌓였습니다.

03　눈사람 가족이 옹기종기 모여 있습니다.

04　아이들은 활짝 웃으며 즐겁게 눈싸움을 합니다.

자전거를 타요

자전거는 좋은 점이 많은 교통수단이므로 안전 수칙을 잘 지키며 타자.

[가] 우리 주변에서 흔하게 볼 수 있는 자전거는 좋은 점이 많은 *교통수단입니다. 자전거를 타면 어떤 점이 좋은지 알아봅시다. ➡ 자전거를 타면 좋은 점을 소개

[가] 첫 번째, 자전거를 타면 우리 몸이 건강해집니다. 자전거를 타면 폐 기능이 좋아지고 다리 근육이 튼튼해집니다. 하루에 30분에서 1시간 정도 자전거를 타면 비만, 심장병 등의 질병을 예방할 수 있습니다. } ➡ 자전거를 타면 좋은 점 ① 건강에 좋음.

[나] 두 번째, 교통비를 절약할 수 있습니다. 자전거는 연료비가 들지 않고, 버스나 지하철을 탈 때처럼 돈을 낼 필요도 없습니다. 그렇기 때문에 자전거를 타면 자동차나 대중교통을 이용하는 것보다 교통비를 절약할 수 있습니다. } ➡ 자전거를 타면 좋은 점 ② 교통비를 절약할 수 있음.

[다] 세 번째, 환경을 보호할 수 있습니다. 자동차는 석유를 연료로 사용합니다. 하지만 석유를 사용하면서 배출되는 *배기가스는 환경을 오염시킵니다. 그러므로 자전거는 연료를 사용하지 않아 배기가스를 배출하지 않는 친환경적인 교통수단입니다. } ➡ 자전거를 타면 좋은 점 ③ 환경을 보호함.

[라] 이렇게 좋은 점이 많은 자전거를 탈 때 우리 친구들이 꼭 기억해야 할 것은 안전입니다. 안전모와 보호대 등 안전 장비를 반드시 착용하고, 안전 수칙을 지켜야 합니다. ➡ 자전거를 탈 때 유의할 점

11쪽
1 자전거 2 교통
3 환경

13~14쪽
1 (환경적인) 2 ③ 3 (3), (4) 4 ①
5 ④ 6 해설 참조

1 자전거는 (환경적인) 교통수단입니다.

'교통수단'을 꾸며 주는 '친환경적인'입니다. '친환경적인'은 자전거가 어떤 교통수단인지를 구체적으로 알 수 있게 해 주는 표현입니다.

2 [가]~[다]를 통해 '자전거를 타면 좋은 점'을 알 수 있습니다. ③ '목적지에 빨리 갈 수 있다.'는 이 글에서 알 수 없습니다.

3

(1)	(2)
(3)	(4)

오답풀이 (1) 배기가스를 배출하는 것은 석유를 연료로 사용하는 '자동차'의 특징입니다.
(2) 자전거는 연료를 사용하지 않아 배기가스를 배출하지 않으므로 한경을 오염시키지 않습니다.

4 자전거는 연료를 사용하지 않기 때문에 순서가 이 글은 잘못 이해했습니다.

5 안전 장비에 대한 그림으로 [라]와 관련이 있습니다.

6 정답 (1) 자전거 (2) 건강 (3) 교통비 (4) 환경 (5) 안전

다섯 가지 감각을 표현하는 말

본문

감각의 뜻과 종류, 다섯 가지 감각을 표현하는 말

작은 구멍이 뚫린 상자가 있습니다. 무엇이 들어있는지 어떻게 알 수 있을까요? 눈으로 구멍 속을 들여다보면 됩니다. 손을 집어넣거나 코로 냄새를 맡아볼 수도 있습니다. 귀에 대고 흔들어 소리를 들을 수도 있습니다. 아! 위험할 수 있으니 맛을 보는 것은 조심해야 합니다. ➡ 감각을 사용하는 예

우리는 이렇게 눈, 손, 코, 귀, 입과 같은 신체 기관을 통해 사물을 구별할 수 있습니다. 또, 어떤 일이 벌어지는지도 알 수 있습니다. 이와 같이 신체 기관을 통해 주변의 일을 알아채는 것을 감각이라고 합니다. ➡ 감각의 뜻

감각은 크게 다섯 가지로 나눌 수 있습니다. 눈을 통해 보는 것을 '시각'이라고 합니다. 손으로 만지거나 피부로 느끼는 것을 '촉각', 코로 냄새를 맡는 것을 '후각', 귀로 듣는 것을 '청각'이라고 합니다. 마지막으로, 입으로 맛보는 것을 '미각'이라고 합니다. ➡ 감각의 종류

[다섯 가지 감각을 표현하는 말은 정말 많습니다. 시각은 주로 모양과 같은 색깔을 나타내는 말로 표현합니다. '동그랗다'와 같은 모양과, '어둡다'와 '빨갛다'와 같은 색깔을 나타내는 말로 표현합니다. 촉각은 '부드럽다', '거칠거칠하다', '딱딱하다', '차갑다'와 같은 손으로 만지거나 피부에 닿았을 때의 느낌을 나타내는 말로 표현합니다. 후각은 냄새를 나타내는 말로 표현합니다. '향긋하다', '구수하다', '단 냄새가 난다', '맛있는 냄새가 난다'와 같은 냄새를 나타내는 말로 표현합니다. 청각은 '시끄럽다', '조용하다'와 같은 소리를 나타내는 말로 표현하기도 합니다. 마지막으로 미각은 '달다', '짜다', '쓰다', '맵다'와 같은 맛을 나타내는 말로 표현하는 말 ➡ 다섯 가지 감각을 표현하는 말]

15쪽

1 신체 기관
2 감각

17~18쪽

1 ⑤(촉각)   2 ②   3 (1) ㄴ-b (2) ㄱ-c (3) ㄷ-a
4 ①   5 (1) 시각 (2) 촉각 (3) 미각   6 해설 참조

1 ⑤(촉각) 구멍이 뚫린 상자가 있습니다.
'구멍'을 꾸며 주는 말은 '작은'입니다. '작은'은 구멍이 크기를 구체적으로 알 수 있게 해 주는 표현입니다.

2 이 글은 다섯 가지 감각을 표현하는 말에 대해 설명한 글이므로 중심 낱말은 '감각'입니다.

3   ㄱ ╳ a
    ㄴ ╳ b
    ㄷ ─ c

(1)
(2)
(3)

3문단과 4문단에서 각 신체 기관에 어울리는 감각과 그 감각에 알맞은 표현을 찾아 연결할 수 있습니다.

4 촉각 부분에서 '동글다', '차다', '빨갛다', '어둡다'는 모양과 색깔을 표현한 말로 '시각'을 표현하는 말임을 알 수 있습니다.

5 '동그랗고 빨갛다'는 모양과 색깔을 표현한 말로 '시각', '딱딱하다.'는 손으로 만졌을 때 느낌을 표현한 말로 '촉각', '달콤하다.'는 맛을 표현한 말로 '미각'을 나타내는 말입니다.

6 **정답** (1) 감각 (2) 색깔 (3) 냄새 (4) 맛

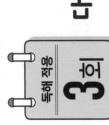

4회

밤솥 여행_ 윤미경

- 재재: 밤솥에서 쌀이 밥이 되는 과정
- 주제: 쌀이 밤솥 여행을 통해 끈끈한 밥이 되는 과정
- 특징: 꾸며 주는 말을 넣어 재미있게 표현한다.

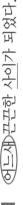

② "취사가 시작됩니다."
버튼을 누르면
깨끗이 씻은 쌀알들의
여행이 시작된다.

'보글보글' 역을 지나고
'치직치직' 역을 지나고
④ '뱅글뱅글' 역을 지나면
마침내, 지-익

③ "취사가 완성되었습니다."
종착역에 닿는다.

여행을 마친
쌀알들이 밥이 되었다.
어느새
끈끈한 사이가 되었다.

---

1 어느새 끈끈한 사이가 되었다.
'사이'를 꾸며 주는 말은 '끈끈한'입니다. '끈끈한'은 구체적으로 어떤 사이인지를 알 수 있게 해 주는 표현입니다.

2 이 시는 밤솥 안의 '쌀알'들이 '밥'이 되는 과정을 여행에 빗대어 표현했습니다. 따라서 이 시의 제목으로 알맞은 것은 '밤솥 여행'입니다.

3 '여행을 마친 쌀알들이 밥이 되었다.' 부분에서 쌀알들이 '밥'이 되는 과정을 쓴 글임을 알 수 있습니다.

4 초록색 부분에서 ②, ③, ④의 모습을 떠올릴 수 있습니다. 그러나 시를 읽고 '지간이 표시되는 밤솥'의 모습은 떠올리기 어렵습니다.

5 이 시는 밤솥에서 쌀이 밥이 되는 과정을 꾸며 주는 말을 넣어 재미있게 표현한 시입니다. ①, ③, ④의 친구들은 이 시를 읽고 '밥'과 관련된 생각이나 느낌을 말하였습니다. 그러나 '자넷에 바다로 여행 간 것이 생각난다.'고 말한 다행이는 이 시와 관련이 없는 말을 하였습니다.

파리는 어떻게 천장에 붙어 있을까요?

파리가 천장에 붙어 있을 수 있는 까닭

무더운 여름이 되면 파리를 쉽게 볼 수 있습니다. 파리는 우리 몸에 달라붙어 귀찮게 하고, 여기저기 날아다니며 병균을 옮깁니다. 그래서 사람들은 집에 파리가 들어오면 잡으려고 합니다. 그런데 ㉠파리를 잡는 건 어려운 일입니다. 파리채를 들고 다가가면 금세 눈치를 채고 날아가 천장에 붙어 버리기 때문입니다. 그런데 파리는 어떻게 천장에 붙어 있을 수 있는 것일까요?

과학자들의 연구에 따르면 ①파리의 다리에서 '끈끈한 액체'가 나온다고 합니다. 이 액체는 ②파리가 천장에 붙어 있을 때는 *점성이 높아집니다. 하지만 ③파리가 발을 들면 점성이 낮아져 쉽게 움직일 수 있다고 합니다. 쉽게 말해 가만히 있을 때는 젤리처럼 행동하지만, 힘을 주면 물처럼 변한다는 것입니다. 이 신기한 액체 덕분에 파리는 천장에 붙어 있을 수 있고, 천장에서 쉽게 움직일 수 있습니다.

재미있는 사실은 ④파리를 발고 있는 모든 *곤충의 다리에서 끈끈한 액체가 나온다는 것입니다. 파리, 개미 등 곤충의 다리에서 나오는 끈끈한 액체가 무엇인지는 아직 정확히 밝혀지지 않았습니다. 그래서 과학자들은 이 액체의 비밀을 밝히기 위해 연구를 계속하고 있습니다.

→ 파리의 특징과 파리가 천장에 붙어 있을 수 있는 까닭에 대한 궁금증

글 전체의 중심 문장

→ 파리가 천장에 붙어 있을 수 있는 까닭

→ 액체의 비밀을 밝히기 위한 연구가 계속됨

문단의 중심 문장

1 (문단)이 여름이 되면 파리를 쉽게 볼 수 있습니다. '여름'을 꾸며 주는 말은 '무더운'입니다. '무덥다'는 습도와 온도가 매우 높아 제는 듯 견디기 어렵게 덥다는 것을 뜻하며, 여름이 얼마나 더운 지를 구체적으로 알 수 있게 해 주는 표현입니다.

2 이 글은 '파리가 천장에 붙어 있을 수 있는 까닭'에 대해 쓴 글입니다.

3 ㉠이 뒷부분에 파리채를 들고 다가가면 금세 눈치를 채고 천장에 날아가 붙어 버린다는 내용이 나타나 있습니다. 따라서 ④가 파리를 잡기 어려운 까닭입니다.

4 초록색 부분에서 ①, ②, ④를 확인할 수 있습니다. 이 글에서 파리가 발을 들면 액체의 점성이 낮아져 쉽게 움직일 수 있다고 하였으므로 ③을 틀린 설명입니다.

5 글의 내용을 통해 파리는 여기저기 날아다니며 병균을 옮기고(민준), 다리에서 끈끈한 액체가 나와서 천장에 붙어 있을 수 있다는 것을 알 수 있습니다(라온). 하지만 파리의 다리에서 나오는 끈끈한 액체가 무 엇인지는 아직 밝혀지지 않아 과학자들이 연구를 계속해서 하고 있습 니다. 따라서 아린이가 글의 내용을 잘못 이해하였습니다.

6 정답〉 (1) 파리 (2) 다리 (3) 액체 (4) 곤충

27쪽   독해력으로 맵핑정 되기!   정답 ②

독해 기술
6회

일이 일어난 차례 알기

따라서 풀어보기　　30쪽

01 ②-③-①　　02 ①-③-②
03 ①-②-③

01 ① (일요일) 오후부터 비가 세차게 내리기 시작했어요. → ② (수요일) 밤이 되자 비가 약해지는 것 같았어요. → ③ (목요일) 드디어 비가 그쳤어요.

02 ① (첫째) 횡단보도 앞에서는 일단 멈추세요. → ② (둘째) 초록 불이 될 때까지 기다려요. → ③ (셋째) 좌우를 살피고 손을 들고 건너요.

03 ① 돌쇠는 감자를 캐러 (밭에) 갑니다. → ② 돌쇠는 (밭에서) 감자를 캔 뒤, 밭을 따라 (산에) 갑니다. → ③ 돌쇠는 (산에서) 밤을 딴 뒤, (집으로) 돌아옵니다.

신나게 연습하기　　31쪽

01 ①-③-②　　02 ②-①-③
03 ②-③-①　　04 ②-③-①
05 ①-③-②

01 ① (먼저), 식빵의 가운데 부분을 숟가락으로 누른다. → ② (다음으로), 계란 한 개를 깨서 올리고 치즈를 뿌린다. → ③ (끝으로), 제란이 익을 때까지 오븐에서 익힌다.

02 ① (봄날), 농부들은 모내기를 하느라 정신이 없어요. → ② 무더운 (여름)에도 농부들은 풀을 뽑느라 쉴 틈이 없지요. → ③ 드디어 황금빛 들판을 보며 웃음을 지을 수 있는 (가을)이 왔어요.

03 ① 먼저, 가장 유명한 (바이킹)을 타러 갔다. → ② (바이킹)에서 내린 후 (회전목마)를 탔다. → ③ (회전목마)를 탄 후, 유령의 집으로 갔다.

04 ① (옛날) 어느 마을에 마음씨 착한 농부가 살았어요. → ② (어느 날) 농부는 날개를 다친 까치를 구해 주었어요. → ③ (다음 날) 까치는 나뭇가지 하나를 물어다 주었어요.

05 ① (아침)에 아빠와 공원에서 달리기를 했어요. → ② (점심)에는 누나와 만화책을 봤어요. → ③ (저녁)에는 온 가족이 모여 외식을 했어요.

쓰기로 완성하기　　32쪽

01 ① (첫째) 가위바위보로 순서를 정해요.
② (둘째) 주사위를 굴려 나온 수만큼 말을 옮겨요.
③ (셋째) 도착 칸에 먼저 들어오면 이겨요.

02 ① 시골에 가기 위해 (새벽)부터 길을 나섰다.
② (점심)쯤 휴게소에 들러 밥을 먹었다.
③ 차가 너무 막혀서 (밤)이 되어서야 시골에 도착했다.

33쪽	
1 재료	2 수박화채
3 오미자	

35~36쪽	
1 ③	2 (1) ㄷ (2) ㄴ (3) ㄱ 3 ②-①-④-③
4 ③	5 (1) 예 (2) 아니요 (3) 예 6 해설 참조

1 수박화채를 만드는 재료는 수박 반통, 우유 세 컵, 사이다 한 컵입니다. 오이는 수박화채의 재료가 아닙니다.

2 (1)
(2)
(3)

ㄱ 이 글에서 스푼을 대신할 수 있는 것은 숟가락, 사이다를 대신할 수 있는 것은 오미자차, 냉장고를 대신할
ㄴ
ㄷ 수 있는 것은 사이다라는 것을 알 수 있습니다.

3 '첫째, 둘째, 셋째, 넷째'와 같이 순서를 나타내는 말로 수박화채를 만드는 순서를 알 수 있습니다.

4 이 글에서 알 수 있는 수박을 먹었을 때의 좋은 점은 '수분 보충'입니다.

5 조록새 부분에서 (1), (2), (3)의 내용을 알 수 있습니다. 이 글에서 스푼으로 수박을 파내면 수박이 작은 공처럼 둥근 모양이 된다고 했으므로 (2)의 내용은 틀립니다.

6 정답 (1) 우유 (2) 수박 (3) 냉장고 (4) 파일

시원한 수박화채 만들기

사회

수박을 먹었을 때의 좋은 점과 수박화채를 만드는 순서

여름철에는 땀이 많이 나서 몸속 '수분'이 부족해집니다. 이럴 때 수박을 먹으면 빠져나간 수분을 채울 수 있습니다. (1)수박은 약 91퍼센트가 수분으로 이루어져 있기 때문입니다. 수박을 화채로 만들어 더욱 시원하고 맛있게 즐겨 볼까요? 〕 → 먹으면 수분 보충을 할 수 있는 수박

수박화채에 들어가는 재료는 수박 반통, 우유 세 컵, 사이다 한 컵입니다. 중심 낱말 사이다 대신 오미자차를 준비해도 좋습니다. 〕 → 수박화채를 만드는 재료

수박화채를 만드는 방법은 다음과 같습니다. 첫째, 스푼으로 수박을 파냅니다. (2)스푼은 작은 국자같이 생긴 도구로, 이것을 이용하면 공처럼 둥그런 모양을 낼 수 있습니다. 만약 스푼이 없으면 일반 숟가락을 사용해도 됩니다. 둘째, 큰 그릇에 파낸 수박을 담습니다. 셋째, 수박이 담긴 큰 그릇에 우유와 사이다를 붓습니다. 넷째, 시원하게 만들기 위해 '그릇째로 냉장고에 넣어 둡니다. 또는 얼음을 넣어도 좋습니다. 〕 → 수박화채를 만드는 방법

(3)수박화채를 한입 꿀꺽 삼키면 더위가 싹 날아가는 것 같습니다. 이처럼 수박화채는 더운 여름을 이겨 내게 해 주는 고마운 음식입니다. 〕 → 다음 여름을 이겨 내게 해 주는 수박화채

37쪽

1 향   2 병풍
3 한과

39~40쪽

1 ③   2 ①   3 ②, ④   4 ③-①-②
5 (1) ㄴ (2) ㄱ (3) ㄷ   6 해설 참조

설날 아침에는 어떤 일을 할까요?

작품

차례상을 준비하고 차례를 지내는 설날 아침의 모습

20○○년 ○월 ○○일 ○요일   날씨: 차가운 바람

오늘은 설날이다. 아침부터 차례를 지내기 위해 가족 모두가 바빴다. 어른들은 병풍을 닦아서 세우고 그 앞에 커다란 상을 폈다. 우리는 음식을 날라 차례상 차리는 것을 도왔다. } → 차례상 지낼 준비를 함.

할머니와 할아버지가 차례상을 어떻게 차리는지 알려 주셨다. 병풍 앞 첫째 줄에는 떡국과 술잔을 놓았다. 둘째 줄에는 전, 고기구이, 생선구이를 놓고 셋째 줄에는 국물과 식혜 등을 놓았다. → 병풍에서 가... 넷째 줄에는 나물과 식해 등을 놓았다. 다섯째 줄에는 사과, 배, 곶감 같은 과일과 한과를 차렸다. } → 차례상처럼.

상을 다 차린 뒤 모두 함께 차례를 지냈다. 먼저, 아빠가 향을 피우고 절을 했다. 그다음에, 나머지 가족들이 함께 절을 했다. 끝으로, 차례를 마치고 상에 차려진 음식을 같이 먹었다. } → 차례를 지냄.

요즘은 차례를 지내지 않는 집도 많다고 한다. 그런데 나는 차례를 지내는 것이 좋다. 모처럼 온 가족이 모일 수 있고 평소에 자주 먹지 않는 음식들을 먹을 수 있기 때문이다. 온 가족이 정성스레 차례를 지내서 그런지 하루 종일 기분이 좋았다. } → 설날 아침에 차례를 지내면서 느낀 점

1 이 글의 제목과 내용을 통해 '설날(음력 1월 1일)' 아침에 일어난 상황임을 알 수 있습니다.
오답풀이 ① 추석(음력 8월 15일), ② 단오(음력 5월 5일), ④ 동지 일년 중 (밤이 가장 긴 날)은 이 글에서 알 수 없습니다.

2 이 글은 설날 아침 차례상을 준비하고 차례를 지내는 과정에 대해 쓴 글입니다. 따라서 이 글은 '차례'에 대해 쓴 글입니다.
오답풀이 ② 세배(설날에 하는 인사), ③ 제사(돌아가신 조상에게 음식을 바치는 의식), ④ 잔치(기쁜 일을 축하하기 위해 음식을 차려 놓고 여러 사람들이 즐기는 일)는 이 글에 나타나 있지 않습니다.

3 글쓴이는 온 가족이 모일 수 있고, 평소에 자주 먹지 않는 음식들을 먹을 수 있기 때문에 차례를 지내는 것이 좋다고 하였습니다.

4 '먼저', '그다음에', '끝으로'라는 말을 통해 일이 일어난 차례를 알 수 있습니다.

5 초록색 부분에서 생선구이는 둘째 줄, 나물은 넷째 줄, 사과는 다섯째 줄에 놓임을 확인할 수 있습니다.

6 정답 (1) 설날 (2) 준비 (3) 차례상 (4) 가족

독해 적용
9회

동물의 사육제

41쪽

1 연주 2 작곡가
3 무대

43~44쪽

1 ③ 2 ②, ③ 3 ③, ④ 4 ①-②-③
5 ④ 6 (1) 음악회 (2) 연주곡 (3) 사자 (4) 백조

「동물의 사육제」를 감상하고 느낀 점과 음악회에 다녀온 소감

오늘 엄마와 함께 '어린이를 위한 음악회'에 갔다. 음악회의 연주곡은 「동물의 사육제」로 중심 낱말 ①「동물의 사육제」는 프랑스의 작곡가 '생상스'가 지은 곡으로 총 14곡으로 되어 있다고 엄마가 알려 주셨다. ㉠무대 위에는 커다란 피아노 두 대가 놓여 있었다. 그리고 다른 악기를 든 연주자들이 앉아 있었다. 곧 ㉡무대가 어두워지더니 연주가 시작되었다. → 음악회에 대한 설명

가장 좋았던 곡은 ③첫 번째 곡이었던 '서주와 사자왕의 행진'이었다. 시작부터 '두두두두'거리는 것이 어떤 것이 다가오는 느낌이 들었다. 이 소리는 점점 빨라지다가 '짠!' 하고 그쳤다. 그리고 행진곡처럼 '빰-빠라밤!' 하고 피아노 소리가 울려 퍼졌다. 사자왕의 등장을 알려 주는 것 같았다. 이어서 바이올린, 첼로 등 활을 켜서 연주하는 악기들이 '빠람빠빠 빠-빠라밤빠 빠람빠빠라 빰빰-빠' 하고 연주했다. 웅장하게 커지면서 걸어오는 것 같았다. 그리고 사자왕이 '으르렁' 울부짖는 장면이 떠오르는 연주가 계속 되었다. ㉢역시 동물의 왕다운 멋진 곡이었다. → 「서주와 사자왕의 행진」

그 다음으로 좋았던 곡은 「백조」였다. ㉣첼로가 아주 부드럽게 '따-라라라 라라라 라-라라다' 하고 연주했다. 음이 위로 올라갈 때면 백조가 우아하게 헤엄을 치는 것 같았다. 음이 아래로 내려갈 때면 백조가 날개를 살짝 올리는 것 같았다. 피아노는 잔잔한 호수를 표현하는 듯 연주했다. 아름다운 곡이었다. → 「백조」 감상

아직도 「동물의 사육제」의 음악들이 귓가에 들리는 것 같다. 악기로 동물의 모습을 흉내 낼 수 있다니, 정말 신기했다. 오늘 '어린이를 위한 음악회'에 가기에 다녀와서 무척 행복했다. → 음악회에 다녀온 소감

---

1 「동물의 사육제」중 「서주와 사자왕의 행진」에서는 '사자'를 「백조」에서 '백조'를 음악으로 표현했습니다.

2 1문단에서 「동물의 사육제」를 작곡한 사람이 프랑스의 작곡가 '생상스'라는 것을 알 수 있습니다.

3 ㉠과 ㉡은 실제 일어난 일을 표현한 문장이고, ㉢과 ㉣은 음악을 듣고 느낀 점과 생각을 표현한 문장입니다.

4 이 글은 「서주와 사자왕의 행진」을 글쓴이가 감상하고 쓴 부분입니다. 글쓴이는 시작부터 '두두두두'거리는 것이 어떤 것이 다가오는 느낌이 들었고, 이 소리는 점점 빨라지다가 '짠'하고 그쳤다고 했습니다. 그리고 행진곡처럼 '빰-빠라밤!'하고 피아노 소리가 울려 퍼지면서 사자왕이 등장을 알려 주는 것 같았다고 하였습니다.

5 초록색 부분에서 ①~④의 내용을 알 수 있습니다. ④「백조」를 부드럽게 연주한 악기는 첼로입니다.

피터 래빗 이야기

_ 베아트릭스 포터

맥그리거 아저씨 정원에 들어간 '피터'에게 생긴 일

본문

어느 날 아침, 엄마 토끼가 말했습니다.

"우리 귀염둥이들, 들판이나 오솔길에서는 마음껏 놀아도 되단다. 맥그리거 아저씨네 정원에는 절대로 들어가면 안 된단다. 너희 아빠께서도 맥그리거 아저씨네 잡혀서 파이 속에 들어가시고 말았단다. 엄마는 잠시 나갔다 올 테니 밖에 나가 놀고 있으렴. 조심조심 놀아야 한다." ← 면 안 된다고 말하는 엄마 토끼가

〔 ① 맥그리거 이저씨네 정원에 들어가 〕

하지만 말썽꾸러기 피터는 글쎄 맥그리거 아저씨네 정원으로 곧장 달려가

울타리 문 밑으로 기어들어 가는 게 아니겠어요? 피터는 먼저 상추와 강낭

콩을 마구마구 먹어 댔어요. 그리고 당근도 와작와작 씹어 먹었답니다. ← 맥그리거 아저씨네 정원에 들어간 피터

〔 그러다 피터는 그만 맥그리거 아저씨와 떡 마주치고 말았지 뭐예요? 맥 〕

그리거 아저씨는 땅에 엎드려 양배추 모종을 심고 있다가 피터를 보자마자

별떡 일어났어요. ② 그리고는 갈퀴를 마구 휘두르며 피터를 쫓아왔어요. ← 피터를 발견한 맥그리거 아저씨

"이 도둑놈! 거기 서지 못해?" ← 피터를 발견한 맥그리거 아저씨

〔 ㉠ 피터는 몹시 겁에 질려 부리나케 달아났답니다. 하지만 이글 어째죠? ③ 피터가 그만 〕

응 올라 정원을 이리저리 헤맸답니다. 엇. 그런데 이를 어째죠? 피터가 그만

까지벗나무 그물로 뛰어들어 가는 바람에 윗도리의 커다란 단추가 그물에

걸리고 만 거예요. ← 겁을 먹고 달아나는 피터

이제 죽었구나 생각한 피터는 단념한 채 앙방울만한 눈물을 뚝뚝 흘렸어

요. 그런데 이 울음소리를 들은 상냥한 잠새 친구들이 단숨에 날아와서는 조

금만 더 노력해 보라고 애원했답니다.

"피터! 좀 더 힘을 내! 쨰쨰!" ← 달아나다 그물에 걸린 피터

〔 바로 그때, 맥그리거 아저씨가 커다란 체를 들고 나타났어요! 그 체로 피 〕

터를 가두어 잡아 버리려는 것이었지요. 그러나 마구 발버둥 치던 피터는 잠

시 윗도리를 벗어 둔 체로 간신히 빠져나왔답니다. ← 윗도리를 벗어 둔 채 그물을 빠져나온 피터

45쪽

1 정원   2 울타리
3 모종

1 ④	2 ③	3 ②
		4 ①-④-①
③-②	5 ④	6 해설 참조

1 글의 앞부분 "우리 귀염둥이를 ~ 들어가면 안 된단다."에서 엄마 토기가 아기 토끼들에게 '맥그리거 아저씨네 정원'에는 절대로 들어가면 안 된다고 말했습니다.

2 이 글에는 피터, 엄마 토끼, 잠재 친구들, 맥그리거 아저씨가 등장합니다. '아빠 토끼'는 엄마 토끼의 말에서만 등장하므로 이 글에 실제로 등장한다고 보기 어렵습니다.

3 ㉠에서 피터는 몹시 겁에 질려 부리나케 달아났으므로 피터는 '무서움'을 느꼈습니다.

4 이 글은 '피터가 맥그리거 아저씨네 정원에 들어간 뒤 → 맥그리거 아저씨가 피터를 쫓고 → 피터가 맥그리거 아저씨를 피해서 도망가다가 그물에 걸렸지만 → 윗도리를 벗어 둔 체 그물을 빠져나온' 이야기입니다.

5 피터는 맥그리거 아저씨에게 잡히려는 순간, 윗도리를 벗어 둔 체 지나갔습니다. 따라서, '피터가 맥그리거 아저씨에게 잡히는 장면'은 볼 수 없습니다.

〈오답풀이〉 조록새 부분에서 ①, ②, ③을 확인할 수 있습니다.

6 〈정답〉 (1) 엄마 (2) 말썽꾸러기 (3) 그물 (4) 윗도리

독해력으로 명령정 되기! 〈정답〉 고래섬

11회 문단의 중심 문장을 찾으며 읽기

따라서 풀어보기

52쪽

01 경찰관은 어려운 사람을 도와주고 나쁜 사람을 잡아갑니다. 또한, 교통사고가 나지 않도록 지켜보기도 합니다. 이처럼 경찰관은 우리에게 고마운 분입니다.

02 지금부터 제 소개를 하겠습니다. 저의 이름은 장호영이고 나이는 9살입니다. 공부는 조금 자신이 없지만, 축구는 정말합니다. 강아지와 보기 같은 것고 귀여운 동물을 좋아합니다.

03 "야아우으!" 엄마의 잔소리 울부짖는 소리가 들려요, 윤이어 다른 잔소리들도 따라 나와요, 울음소리 합창을 듣으니 듯들이 오싹해져요, 이 으스스한 울음소리를 내는 잔소리 바로 늑대예요!

신나게 연습하기

53쪽

01 세계 여러 나라에는 다양한 집이 있습니다. 태국에는 배처럼 베트남물에 강이 많은 나라는 물 위에 집을 짓습니다. 초원이 펼쳐진 몽골은 '게르'라고 하는 천막집을 만듭니다.

02 금을 쓸 때는 우선 '글감'을 정해야 해요, 지난 일을 떠올려보거나 이상 깊었던 일을 때올려 보세요, '즐거웠던 일'이나 '기뻤던 일' 모두 좋은 글감이에요, 또한, '슬펐던 일'이나 '화났던 일'도 좋은 글감이 될 수 있어요,

03 수영을 하기 전에는 준비운동을 하고 구명조끼를 입어야 해요, 그다음에 심장에서 먼 다리, 팔, 얼굴, 가슴 등의 순으로 몸에 물을 적셔 줘요, 수영하는 도중에 숨차고 느껴질 때는 물에서 나와 몸을 따뜻하게 하고 쉬어요, 우리 모두 물놀이 안전 수칙을 잘 지켜요!

04 블록으로 탑을 멋지게 쌓아 올리고 있는데 친구가 '쾅' 하고 무너뜨린다면 어떨까요? 정성 들여 그린 그림에 동생이 실수로 물을 쏟았다면요? 화가 머리끝까지 날 것 같다고요? 하지만 우리는 화난 마음을 드러내지 않고 참을 수 있어야 해요.

스스로 독해하기

01 중심 문장은 '이처럼 경찰관은 우리에게 고마운 분입니다.'입니다. 나머지 문장들은 경찰관이 하는 일을 자세히 설명하고 있습니다.

02 중심 문장은 '지금부터 제 소개를 하겠습니다.'입니다. 나머지 문장들은 소개를 하는 구체적인 내용입니다.

03 중심 문장은 '이 으스스한 울음소리를 내는 잔소리 바로 늑대예요!'입니다. 나머지 문장들은 늑대라는 답을 찾기 위한 실마리입니다.

03 중심 문장은 '우리 모두 물놀이 안전 수칙을 잘 지켜요!'입니다. 나머지 문장들은 안전 수칙을 자세히 설명하고 있습니다.

04 중심 문장은 '하지만 우리는 화난 마음을 드러내지 않고 참을 수 있어야 해요.'입니다. 나머지 문장들은 참아야 하는 상황을 자세히 설명하고 있습니다.

쓰기로 완성하기

54쪽

01 시간 가는 줄도 모르고 책 속에 빠져들 때가 있습니다. 책 한 권을 다 읽었고 해서 어려워할 필요는 없습니다. 세상에는 재미있는 이야기가 담긴 책이 무척 많기 때문입니다. 책 읽기는 제 읽기는 시간을 보내는 가장 좋은 방법 가운데 하나입니다. 책을 읽으며 대부분의 근심걱정을 해결할 수 있습니다. 공통의 이름을 얻을 수 있고, 비와 눈이 내리는 까닭도 알 수 있습니다. 또, 책을 읽으며 상상력을 키울 수 있습니다. 책을 통해 지혜로운 도리를 만날 수 있고, 명탐정이 되어 사건을 해결할 수도 있습니다. 이처럼 책을 읽으면 좋은 점이 참 많습니다. 여러분의 책을 많이 읽어요며 좋겠습니다.

02 (1) 시간 (2) 근심걱정 (3) 상상력 (4) 책

우체국에서 하는 일

우체국에서 하는 일

동네마다 우체국이 있습니다. 우체국은 사람들이 편리한 생활을 할 수 있도록 도와주는 곳입니다. 우체국에서는 어떤 일을 할까요?] → 중심 화제를 묻고 있는 우체국

우체국에서 하는 가장 큰 일은 편지와 물건 등을 전해 주는 것입니다. ˚우편물을 우체국에 넣거나 우체국에서 붙이면 우리나라뿐 아니라 전 세계로 배달됩니다. 이때 우편물의 크기와 무게에 따라 우푯값이 달라집니다. 우체국에서는 우편물을 주소에 따라 나눈 뒤 각 지역으로 보냅니다. 그러면 지역의 집배원들이 배달을 합니다. 따라서 봉투에 받는 사람의 주소를 정확하게 적어야 합니다.] → 우체국이 하는 일 ① 우편물 배달

최근에는 인터넷으로 물건을 사는 사람들이 많아졌습니다. 이에 따라 우체국에서는 물건을 원하는 장소까지 배달해 주는 ˚택배 일도 합니다. 물건을 집으로 가져다주기도 하고, 집에 찾아와 다른 곳으로 보낼 물건을 가져가기도 합니다.] → 우체국이 하는 일 ② 택배

우체국에서는 은행처럼 돈을 관리하는 일도 합니다. 돈을 맡아 주거나 빌려주고, 돈을 원하는 곳으로 보내 주고, 세금을 받기도 합니다.] → 우체국이 하는 일 ③ 은행 업무

이처럼 우체국은 여러 가지 일을 합니다. 우체국은 우리가 살아가는 데 꼭 필요한 ˚공공 기관입니다.] → 우체국은 중요한 공공 기관임

55쪽

1 주소   2 우표
3 집배원

57~58쪽

1 해설 참조   2 ③   3 (1) 예 (2) 예 (3) 아니요
4 ④   5 ④   6 해설 참조

---

1 정답
우체국에서는 은행처럼 돈을 관리하는 일도 합니다. 통장을 만들어 주고, 돈을 맡아 주거나 빌려주고, 돈을 원하는 곳으로 보내 주고, 세금을 받기도 합니다.

오답풀이》 나머지 문장들은 우체국이 하는 은행 업무에 대해 자세히 설명하고 있습니다.

2 이 글은 우편물 배달, 택배, 돈을 관리하는 업무와 같은 '우체국에서 하는 일'에 대한 글로 중심 낱말은 '우체국'입니다.

3 (1) 우체국에서는 편지를 포함한 우편물을 배달합니다. (2) 우편물을 보낼 때에는 우편물 봉투에 받는 사람의 주소가 정확하게 적혀있어야 합니다. 그리고 (3) 우체국에서는 집으로 찾아와 다른 곳으로 보낼 택배를 가져가기도 합니다.

4 이 글에서는 요즘 택배가 늘어난 까닭으로 '인터넷으로 물건을 사는 사람들이 많아, 우체국에서 택배를 배달하는 일이 늘었다.'고 하였습니다.

5 초록색 부분에서 우체국은 '통장을 만들어 주고, 돈을 맡아 주거나 빌려주고, 세금을 받기도 한다'고 하였습니다. 그러나, 우체국에서 집을 사고팔 수는 없습니다.

6 정답
(1) 편지 (2) 택배 (3) 돈 (4) 공공 기관

아나바다 운동

'아나바다 운동'이 필요한 까닭을 알아보고, '아나바다 운동'에 참여하자.

59쪽
1 보호　　2 교환
3 절약

61~62쪽
1 해설 참조　　2 ③　　3 (1) 예 (2) 예 (3) 아니요
4 ②　　5 아껴 쓰기　　6 해설 참조

본문

아나바다 운동

'아나바다 운동'에 대해 들어 본 적이 있나요? (1)'아나바다'란 물건을 '아껴 쓰고, 나눠 쓰고, 바꿔 쓰고, 다시 쓰자'를 줄여 이르는 말입니다. (2)플리 마켓은 아나바다 운동의 대표적인 예입니다. 플리 마켓이란 안 쓰는 물건을 공원 등에 가지고 나와 사고팔거나 교환하는 것을 말합니다. 다른 말로 '벼룩 시장'이라고 부르기도 합니다.
→ '아나바다' 운동의 중심 낱말
→ 아나바다 운동과 대표적인 예 소개

사람들은 왜 아나바다 운동을 할까요? 첫째, 아나바다 운동에 참여하면 돈을 절약할 수 있습니다. 물건을 쉽게 버리지 않고, 오래 사용하며, 꼭 필요한 물건만 사기 때문입니다. 예를 들어 플리 마켓에 가면 적은 돈으로도 필요한 물건을 살 수 있고, (3)인터넷으로도 안 쓰는 물건을 사고팔 수 있습니다.
→ 아나바다 운동의 필요성 ① 돈을 절약할 수 있음.
→ 인터넷으로도 안 쓰는 물건을 사고팔 수 있습니다. 지구가 쓰

둘째, 아나바다 운동에 참여하면 환경을 보호할 수 있습니다. 지구가 쓰레기 때문에 몸살을 앓고 있다는 것을 알고 있지요? 물건을 아끼고 바꿔 쓰면 쓰레기가 줄어듭니다. 또 아나바다 운동을 하면 물건을 만드는 데 필요한 '나무, 물, 석유' 등 '자원을 아낄 수 있습니다.
→ 아나바다 운동의 필요성 ② 환경을 보호할 수 있음.

에요? 아나바다 운동에 참여해 보고 싶지 않나요? 자신의 물건을 소중히 아끼는 것부터 시작해 봅시다. 플리 마켓에 가서 안 쓰는 물건을 팔거나 바꾸는 것도 좋습니다. 고장 난 물건도 버리지 말고 고쳐서 다시 씁시다. 우리 함께 아나바다 운동에 참여합시다.
→ 아나바다 운동에 참여하도록 유도
글 전체의 중심 문장

정답

1 아나바다 운동에 참여하면 돈을 절약할 수 있습니다. 물건을 쉽게 버리지 않고, 오래 사용하며, 꼭 필요한 물건만 사기 때문입니다. 예를 들어 플리 마켓에 가면 적은 돈으로도 필요한 물건을 살 수 있고 인터넷으로도 안 쓰는 물건을 사고팔 수 있습니다.

오답풀이 나머지 문장들은 돈을 절약할 수 있는 까닭에 대해 자세히 설명하고 있습니다.

2 이 글은 아나바다 운동이 필요한 까닭에 대한 글로 중심 낱말은 '아나바다 운동'입니다.

3 초록색 부분에서 (1), (2), (3)의 내용을 알 수 있습니다. (3) 인터넷으로 안 쓰는 물건을 사고팔 수 있습니다.

4 이 글을 읽고 ①, ③, ④의 질문에 대해서 대답할 수 있습니다.
① 플리 마켓이란 아나바다 운동의 대표적인 예로 안 쓰는 물건을 공원 등에 가지고 나와 사고팔거나 교환하는 것을 말합니다.
③ '아나바다 운동'에 참여하면 쓰레기가 줄어들고, 물건을 만드는 데 필요한 자원을 아낄 수 있으므로 환경을 보호할 수 있습니다.
④ 안 쓰는 물건은 인터넷으로도 사고팔 수 있으므로 반드시 플리 마켓에 가서 물건을 사야 하는 사람은 알 수 없습니다.

5 지우개나 연필 등 자신의 물건을 소중히 하는 것은 '아껴 쓰기'입니다.

6 정답 (1) 아나바다 (2) 돈 (3) 환경

왜 공룡은 클까요?

공룡이 몸집이 컸던 까닭

㉮ 공룡 박물관에 가면 매우 큰 공룡 모형을 볼 수 있습니다. 특히 드레드노투스 슈라니, 아르젠티노사우루스, 브라키오사우루스 등이 몸집이 큰 공룡으로 손꼽힙니다. 브라키오사우루스의 경우 몸집이는 약 25미터, 몸무게는 약 70톤에 이를 정도입니다. } → 몸집이 큰 공룡 소개

공룡의 사전적 의미는 '옛날에 살았던 거대한 파충류'입니다. 크기의 차이는 있지만, 대부분의 공룡은 몸집이 컸습니다. **공룡은 왜 이렇게 몸집이 컸을까요?** } → 공룡이 몸집이 컸던 까닭에 대한 궁금증
글 전체의 중심 문장

과학자들은 공룡이 살았던 때 기온이 지금보다 높았기 때문이라고 이야기합니다. 이때 지구는 마치 따뜻한 온실 같아서 식물이 매우 잘 자랐습니다. 수십 미터까지 자란 식물이 있을 정도였습니다. 그러다 보니 ①**잘 자란 식물**을 많이 **먹은 초식 공룡의 몸집도 자연스레 커졌을 겁니다.** } → 공룡이 몸집이 큰 까닭
① 잘 자란 식물을 많이 먹어서임.

②**이런 초식 공룡을 먹이로 삼는 육식 공룡도 점점 덩치가 커졌을 것입니다.** } → 공룡이 몸집이 큰 까닭
② 잘 자란 식물을 많이 먹어서임.

먹이인 초식 공룡보다 몸집이 작으면, 사냥을 하기 어려웠을 것이기 때문입니다. } → 공룡이 몸집이 큰 까닭 ② 몸집이 커진 초식 공룡을 잡아먹기 위해 몸집이 커졌을 것.

③**공룡이 생존 경쟁에서 살아남기 위해 몸집을 키웠을 거라는 의견도 있습니다.** ④**몸집이 클수록 다른 공룡에게 잡아먹힐 위험이 낮아지기 때문입니다.** } → 공룡이 몸집이 큰 까닭 ③ 생존 경쟁에서 살아남기 위해서임.

사자가 자기보다 몸집이 큰 코끼리를 잡아먹기 힘든 것처럼 말입니다.

그러나 공룡은 이미 멸종했기 때문에, 어떤 까닭으로 공룡의 몸집이 커졌느지 정확히 알기 어렵습니다. 지금도 과학자들은 그 까닭을 찾기 위해 연구를 계속하고 있습니다. } → 공룡이 몸집이 큰 까닭을 지금도 알아내기 위해 지금도 계속되는 연구

정답

1 공룡이 생존 경쟁에서 살아남기 위해 몸집을 키웠다는 의견도 있습니다. 몸집이 클수록 다른 공룡에게 잡아먹힐 생존 경쟁에서 위험이 낮아지기 때문입니다. 사자가 자기보다 몸집이 큰 코끼리를 잡아먹기 힘든 것처럼 말입니다.

> 나머지 문장들은 '공룡이 생존 경쟁에서 살아남기 위해 몸집이 커졌을 것이다.'를 설명하고 있습니다.

오답풀이 이 글은 '공룡의 몸집이 큰 까닭'에 대한 글입니다.

2 이 글은 '공룡은 왜 이렇게 몸집이 컸을까요?'를 글 전체의 중심 문장입니다.

3 (1) 공룡들 중에서도 드레드노투스 슈라니, 아르젠티노사우루스는 몸집이 큰 공룡으로 손꼽힙니다. (2) 브라키오사우루스의 몸무게는 약 70톤입니다.

4 ①, ②, ③은 이 글에서 확인할 수 있습니다. ④ 공룡은 이미 멸종했기 때문에 살아 있는 공룡을 통해 연구하기는 어렵습니다.

5 초록색 부분에서 ①, ②, ④의 내용을 알 수 있습니다. 그러나 이 글에서 ③ '잡아먹히지 않기 위해 빨리 도망가려고 몸집이 커졌다.'는 내용은 알 수 없습니다.

독해 적용
15회

다른 나라의 장난감

일본, 베트남, 러시아의 장난감 소개

다른 나라에 사는 친구들은 어떤 장난감을 갖고 놀까요? 여기 일본, 베트남, 러시아에 사는 친구들이 장난감을 갖고 나왔어요. 장난감의 이름은 무엇인지 어떻게 생겼는지 들여다볼까요? } → 다른 나라의 장난감 소개

"'겐다마'는 일본의 장난감이에요. (1)겐다마의 젠은 '검', 다마는 '공'을 뜻해요. 본체와 작은 공이 줄로 연결되어 있어요. 본체는 가운데가 뾰족 튀어나온 고무망치 같이 생겼고 양옆이 움푹 들어가 있어요. 본체 손잡이를 잡고 위로 치올려서 공을 뾰족한 곳이나 움푹 들어간 양옆, 받침대에 넣어야 해요." } → 일본의 장난감-겐다마

"'쭈온쭈온'은 대나무로 만든 베트남의 장난감이에요. (2)쭈온쭈온은 베트남 말로 '잠자리'라는 뜻이지요. 이 장난감은 이름처럼 잠자리를 닮았어요. 손가락 끝이나 책상 모서리 같은 곳에 잠자리를 올려놓으면 진짜 잠자리가 앉아 있는 것처럼 떨어지지 않아요." } → 베트남의 장난감 - 쭈온쭈온

"'마트료시카'는 러시아의 장난감 인형이에요. 마트료시카라는 이름은 러시아에서 많이 쓰이는 여자 이름인 '마트료나'에서 따왔어요. 둥글둥글 나무 인형인데, 인형 안을 열어 보면 조금 작은 인형이 또 들어 있어요. (3)보통 꽃 그림이 들어가 여자아이가 그려져 있고, 색이 알록달록해요." }

→ 러시아의 장난감-마트료시카

67쪽

1 러시아 　 2 일본
3 베트남

68~69쪽

1 해설 참조 　 2 ①
4 (1) ㄴ (2) ㄱ 　 5 ②
3 (1) 아니요 (2) 예 (3) 예
6 해설 참조

1 정답

'마트료시카는 러시아의 장난감 인형이에요. 마트료시카라는 이름은 러시아에서 많이 쓰이는 여자 이름인 '마트료나'에서 따왔어요. 둥글둥글 나무 인형이에요.

오답풀이 나머지 문장들은 '마트료시카'에 대해 자세히 설명하고 있습니다.

2 이 글은 다른 나라에 사는 친구들이 무엇을 가지고 노는지 소개한 글로 이 글의 제목은 '다른 나라의 장난감'이 가장 어울립니다.

3 초록색 부분에서 (1), (2), (3)의 내용을 알 수 있습니다. (1) 겐다마의 젠은 '검', 다마는 '공'을 뜻합니다.

4
(1) ㄱ
(2) ㄴ

(교차)

5 '겐다마'는 본체 손잡이를 잡고 공을 위로 치올려서 본체의 뾰족한 곳이나 (①) 움푹 들어간 양옆(③), 받침대에(④) 넣는 장난감입니다. 따라서 ②가 공을 본체에 잘못 올렸습니다.

6 정답 (1) 나라 (2) 장난감 (3) 쭈온쭈온 (4) 러시아

71쪽 독해력으로 명탐정 되기! 정답 ②

글의 내용 간추리기 74~75쪽

따라서 풀어보기

01

가 우리 가족은 얼음낚시를 하러 갔다. 자리를 잡자마자 아빠가 얼음 바닥에 구멍을 뚫었다. 난 옆에서 톱질로 깨진 얼음을 퍼서 밖으로 버렸다. 그런 뒤 미끼를 그냥 손으로 훅 뿌려 얼음 구멍 안으로 넣었다.

나 3시간이 지난 후 아빠는 산천어를 네 마리 잡았고, 나랑 엄마는 한 마리씩 잡았다. 우리 가족은 무려 여섯 마리의 산천어를 잡았다.

02 ②

01 가의 중심 문장은 '온 가족이 얼음낚시를 하러 갔다.'입니다. 나머지 문장들은 얼음낚시를 설명하고 있습니다. 나의 중심 문장은 '우리 가족은 산천어 여섯 마리를 잡았다.'입니다. 나머지 문장은 각 식구들이 각 산천어를 몇 마리씩 잡았느지를 설명하고 있습니다.

02 가와 나의 중심 문장을 자연스럽게 연결하면 '우리 가족은 얼음낚시를 하러 가서 산천어 여섯 마리를 잡았다.'입니다.

신나게 연습하기 75쪽

01

가 학교에서 '체험 학습으로 고구마를 캐러 갔다. 고구마 밭은 이미 다 베어져 있었고, 밭고랑에 주그리고 앉아 호미로 고구마를 캐다가 나중에는 그냥 손으로도 팠다. 엄청 커다란 고구마들이 뿌리쪽 주렁주렁 매달려 있었다.

나 고구마를 캔 뒤 트램펄린 마차도 탔다. '트램펄린'는 놀이계를 뜨는 자동차인데, 우리를 위해 마차를 달아 놓았다. 트램펄린 마차는 움툴불툴한 길과 개울도 지나갔다. 엎막 거리서 재미있었다.

02 ①

01 가의 중심 문장은 '학교에서 체험 학습으로 고구마를 캐러 갔다.'입니다. 나머지 문장들은 체험 학습장의 모습과 고구마를 캐는 방법을 설명하고 있습니다. 나의 중심 문장은 '고구마를 캐고 트램펄린 마차도 탔다.'입니다. 나머지 문장들은 트램펄린 마차에 대해 설명하고 있습니다.

02 가와 나의 중심 문장을 자연스럽게 연결하면 '체험 학습으로 고구마를 캐고 트램펄린 마차도 탔다.'입니다.

쓰기로 완성하기 76쪽

01

가 오이 저절로 연주되는 상자를 '오르골'이라고 해요. 대부분 상자 뚜껑을 열면 뒤어 연주돼요.

나 오르골의 모양은 무척 다양해요. 상자 모양이 가장 많지만, 상자 앞이 작은 인형들의 모습을 하고 있기도 해요. 뚜껑이 연주될 때 오르골에 달린 인형이 빙글빙글 돌아요.

다 오르골은 태염의 힘으로 음계판을 쳐 소리를 내요. 오르골이 열리면 감겨 있던 태염이 풀리면서 음계판 위의 원동이 돌아가요. 이때 여기에 붙어 있는 바들도 회전하면서 음계판을 쳐요. 음계판은 마치 쇠로 만든 머리빗 모양으로 작고 앞은 실로로 같아요.

02 (1) 오르골 (2) 다양 (3) 소리

01 가의 중심 문장은 '오이 저절로 연주되는 상자를 '오르골'이라고 해요.'입니다. 나머지 문장은 오르골의 연주에 대해 설명합니다. 나의 중심 문장은 '오르골의 모양은 무척 다양해요.'입니다. 나머지 문장들은 오르골의 모양에 대해 설명합니다. 다의 중심 문장은 '오르골은 태염의 힘으로 음계판을 처 소리를 내요.'입니다. 나머지 문장들은 음계판을 처 소리를 내는 원리를 설명합니다.

나의 음악 학교 - 안드레아 호이어

엄마와 함께 음악 학교에 가서 배우고 싶은 악기를 고름.

〔 ⊙내 생일 아침, 아빠, 엄마, 형은 나에게 생일 축하 노래를 불러 주었어요.
그리고 나는 할머니께 생일 선물로 연주하고 싶은 악기를 배울 수 있는 상품권을 받았어요. ⊙며칠 뒤에 나는 엄마와 함께 악기를 배울 수 있는 음악 학교를 찾아갔어요. 교장 선생님이 내 손을 꼭 잡으며 반갑게 맞아 주셨어요.
"안녕, 반갑구나. 너는 어떤 악기를 배우고 싶니?"
교장 선생님이 물으셨지만, 나는 금방 대답을 할 수가 없었어요.
"아직 잘 모르겠어요. 하지만 악기를 구경해도 될까요?"
"그럼, 이쪽으로 오너라. 여러 가지 악기를 보여 주마." 〕 ← 엄마와 음악 학교에 방문

〔 교장 선생님을 따라간 곳은 지하에 있는 드럼 연습실이었어요. ⓒ나는 그곳에서 처음으로 드럼을 쳐 보았어요. 신이 나서 더 있고 싶었지만, 형과 누나들이 계속 연습을 해야 하기 때문에 밖으로 나왔어요. 〕 ← 드럼 연습실에서 있었던 일

〔 ⓔ다시 1층으로 올라간 교장 선생님은 어떤 방 앞에 서서 문을 두드렸어요. 교장 선생님과 나는 문을 살그머니 열고 들여다보았어요.
"여기는 바이올린 연습실이란다. 저 아이는 올해 다섯 살인데, 바이올린을 배운단다. 손이 작아서 작은 바이올린으로 연습을 하는 거야." 〕 ← 바이올린 연습실에서 있었던 일

〔 교장 선생님은 나를 2층으로 데리고 갔어요.
"여기는 피아노 연습실이란다. 작은 방이 여러 개 있고, 방마다 피아노가 한 대씩 다 있지."
"우리 집에도 피아노가 있어요. 아주 오래된 건데, 옛날에 할머니가 치셨던 거예요."
"정말 잘 됐구나. 그럼 너도 피아노를 배우는 게 어떻겠니? 피아노는 아이들이 가장 많이 배우는 악기란다." 〕 ← 피아노 연습실에서 있었던 일

1 '나'는 할머니에게 생일 선물로 '악기'를 배울 수 있는 '상품권'을 받았습니다.

2 교장 선생님과 함께 여러 가지 악기들을 보면서 배우고 싶은 악기를 살펴보았습니다.
오답풀이 ①, ②, ④는 이 글에서 '나'가 음악 학교에 가서 한 일이 아닙니다.

3 제일 먼저 '드럼', 두 번째로 '바이올린', 마지막으로 '피아노'를 보았습니다.

4 이 글에서 음악 학교는 악기를 배울 수 있는 곳이라는 것을 알 수 있습니다.
오답풀이 ① 나는 엄마와 함께 음악 학교를 찾아갔습니다.
③ 나는 교장 선생님께 피아노를 배울 것을 추천받았으므로, 드럼을 배우기로 한 것은 아닙니다.
④ 나의 집에는 할머니가 치시던 피아노가 있습니다.

5 엄마와 함께 음악 학교를 찾아가는 장면이므로 ⓒ에 어울리는 장면입니다.

장래 희망을 찾아보아요

장래 희망을 찾는 방법

엄마 전 텔레비전에 '어부'가 되는 것이 장래 희망인 아이가 나왔습니다.

이 아이는 그물을 고칠 줄 알고, 물고기의 이름도 척척 맞혔습니다. 아이의

부모님은 아부도 힘든 '직업'이라며 걱정했습니다. 하지만 아이는 부모님께 자신을 믿고 지켜봐 달라고 말했습니다. 〔 ↑ 장래 희망과 직업에 대한 도입

여러분들은 미래에 어떤 직업을 갖고 싶은가요? 장래 희망을 찾고 싶은데 방법을 모르겠다고요? 어떻게 하면 자신의 장래 희망을 찾을 수 있는지 함 글 전체의 중심 문장 께 알아봅시다. 〕 ↑ 장래 희망을 찾는 방법 알아보기 제안

우선, 자신이 어떤 일에 *관심이 있는지 알아야 합니다. 운동, 과학, 미술, 공부 등 어느 분야에 관심이 있는지 알면 장래 희망을 선택할 때 도움이 됩니다. 자신의 *취미나 좋아하는 일을 생각하면, 관심 분야를 알 수 있습니다. 잘 모르겠으면 주변 사람들에게 '나'에 대해 물어보는 것도 좋습니다. 〕
↑ 장래 희망을 찾는 방법 ① 자신의 관심 알아보기

다음으로, 다양한 직업에 대해 조사해 봅시다. 닌른들에게 물어보는 것도 좋습니다. 도서관이나 서점에 가면 직업 관련 책이 많으니 읽어 봅시다. 직업에 대한 책들이 많으니 읽어 봅시다. 닌른들에게 물어보는 것도 좋습니다. 직업에 대해 조사할 때는 그 직업의 좋은 점만이 아니라, 어려운 점도 알아 봐야 합니다. 그래야 내게 맞는 직업인지 아닌지 더욱 정확히 판단할 수 있습니다. 이 세상에 얼마나 많은 직업이 있는지 알면 여러분은 매우 놀랄 겁니다. 〕 ↑ 장래 희망을 찾는 방법 ② 다양한 직업 조사

끝으로, '모든 직업은 소중하다.'는 생각을 가져야 합니다. 흔히 돈을 많이 버는 직업을 좋은 직업이라고 이야기합니다. 하지만 진짜 좋은 직업은 내가 좋아하는 일을 하는 것입니다. 어떤 직업을 선택하는 내가 좋아하는 일을 찾아 합니다. 어떤 직업을 선택하든 내가 좋아하는 일을 함께 직업이라는 마음 으로 내게 맞는 직업을 살펴보도록 합시다. 〕 ↑ 장래 희망을 찾는 방법 ③ 모든 직 업을 소중히 하는 마음

81쪽

1 장래 희망 2 분야
3 직업

83~84쪽

1 ③   2 ④   3 ①, ④   4 ①
5 해설 참조 6 (1) 장래 희망 (2) 관심 (3) 직업 (4) 마음

1 이 글은 '장래 희망을 찾는 방법'으로 자신이 어떤 일에 관심이 있는지 알아보고, 다양한 직업을 조사한 뒤, 모든 직업을 소중히 하는 마음을 가져야 한다고 설명하고 있습니다.

2 이 글에서는 자신의 관심이 있는 일을 알아보기 위해 취미나 좋아하는 일을 생각하거나 주변 사람들에게 나에 대해 물어보라고 하였습니다. 〔 ↑ 장래 희망과 직업에 대한 도입
④ 다른 사람이 좋아하는 일을 생각하는 것은 이 글에서 설명하고 있지 않으며, 자신이 관심 있는 일을 찾는 방법으로 적절하지 않습니다.

3 이 글에서는 다양한 직업에 대해 조사하고, 자신이 어떤 일에 관심이 있 는지 알아보는 것을 '장래 희망을 찾는 방법'으로 설명하고 있습니다.

오답풀이 ② 자신이 어떤 일에 관심이 있는지 알아보기 위해서는 취미를 고려해야 합니다. ③ 좋은 직업이란 내가 좋아하는 일을 하는 것이 므로 돈을 많이 버는 직업을 조사하는 것은 적절하지 않습니다.

4 모든 직업이 소중하다는 마음으로 내게 맞는 직업을 살펴보아야 합니다.

5 정답

똑똑한 사물인터넷

사물인터넷으로 변화된 우리의 일상생활

'사물인터넷'이란 *인터넷으로 사물들을 연결해 *정보를 교환하는 기술입니다. 우리가 상상만 하던 일이 사물인터넷을 통해 현실이 되고 있습니다. 사물인터넷으로 인한 놀라운 일상생활의 변화를 알아봅시다. [→ 중심 낱말 / 사물인터넷에 대한 설명]

비행기 출발 시간이 1시간 늦추어졌다는 메시지를 받은 ①스마트폰이 알람 시간을 늦게 울립니다. ②주인이 일어날 시간이 되자 전등이 스스로 켜지고, 스피커에서는 음악이 흘러나옵니다. ③냉장고는 어제 저녁에 제 몸무게가 너무 줄어 몸무게를 줄이는 데 도움이 되는 음식 재료들을 주문했다고 일러 줍니다. 아침 식사를 마친 주인이 집을 나설 때, ④비가 오니 나를 가지고 가라고 우산이 반짝거립니다. 주인이 문을 잠그자 집안의 모든 전기가 저절로 꺼지고 가스도 잠깁니다. [→ 사물인터넷이 가정에서 활용되는 예시] ㉮

어떻게 이런 일들이 가능할까요? 먼저 사물이 인터넷에 연결되어 있어야 해요. 위의 일상생활을 보면 스마트폰과 전등, 스피커, 냉장고, 제중계가 인터넷으로 연결되어 서로 대화를 합니다. 사람의 도움 없이도 사물들끼리 서로 정보를 나누는 것입니다. [→ 사물과 인터넷이 연결되어야 함 / 사물인터넷에 사용되기 위한 조건 ①]

사물인터넷은 사물에 *센서를 달아, 바로바로 인터넷과 정보를 주고받습니다. 온도, 습도, 빛, 움직임 등 다양한 환경의 변화를 센서가 *감지해 스스로 할 일을 찾습니다. [→ 사물에 센서를 달아야 함 / 사물인터넷에 사용되기 위한 조건 ② 센서가 필요함.]

사물인터넷은 가정뿐만이 아니라 학교, 공장, 병원 등 다양한 영역에서 활용될 것으로 기대되고 있습니다. [→ 사물인터넷이 다양한 영역에서 활용될 것으로 기대됨.]

---

1 이 글에서 인터넷으로 사물들을 연결해 정보를 교환하는 기술이 '사물인터넷'임을 알 수 있습니다.

2 이 글은 '사물인터넷'이 가져온 일상생활의 변화에 대해 쓴 글로 사물인터넷의 정의와 활용되는 예를 설명하고 있습니다.

3 사물 인터넷은 가정, 학교, 공장, 병원 등 다양한 영역에서 활용될 것으로 기대되고 있으므로 ④는 틀린 설명입니다.
오답풀이〉 이 글에서 사물은 인터넷과 연결되어 있어야 하며, 사람의 도움 없이도 사물들끼리 서로 정보를 나누며 대화할 수 있다고 설명하고 있습니다. 센서는 주변 환경의 변화를 감지합니다.

4 ㉮는 가정에서의 사물인터넷 활용을 예시로 든 것입니다.

5 ㉮에서 '전등은 주인이 일어날 시간을 깨우기 위해 스스로 켜진다.'는 것을 알 수 있습니다.
오답풀이〉 초록색 부분에서 ①, ③, ④를 확인할 수 있습니다.

김홍도의 「타작도」

김홍도의 소개와 김홍도가 그린 「타작도」에 대해 설명

'단원 김홍도'는 조선 시대 천재 화가입니다. 김홍도는 20세 때 *궁중 화원으로 이름을 알리고, 왕의 *초상화를 그리기도 했습니다. 김홍도는 풍경, 인물, 동물 등 못 그리는 그림이 없었습니다. 그런 그의 작품 가운데 가장 유명한 것은 '풍속화'입니다. 풍속화는 평범한 사람들의 모습을 그린 그림입니다.

[① 김홍도의 풍속화 중에 「타작도」는 인물들의 동작이 잘 표현된 작품입니다. 가을에 벼를 베어 마당에서 타는 모습이 담겨 있습니다. 벼를 옮기는 사람, 벼를 타는 사람, 벼를 타는 사람 등이 자세히 묘사되어 있습니다. 특히 일하는 사람들의 표정도 생생합니다. 웃옷을 풀어헤치고 벗단을 들어 올리 사람은 일하기가 싫은 표정입니다. 잇웃을 벗은 사람과 벼를 묶는 사람은 웃고 있습니다. 빗자루를 든 사람은 진지한 표정입니다. → 「타작도」에 그려진 인물들에 대한 설명

「타작도」를 보면 조선 시대 사람들이 어떻게 일했는지 알 수 있습니다. ② 「타작도」의 오른쪽 위에는 자리를 갈고 비스듬히 누워있는 사람이 보입니다. 갓을 쓰고 담뱃대를 피우고 있고 앞에는 술병까지 놓여 있습니다. 이 사람은 일을 시키는 땅 주인일 것입니다. ④ 일을 시키고 감시하는 땅 주인과 일하는 모습에서, ③ 조선 시대에 *신분의 차이가 있었다는 사실을 추측할 수 있습니다. 이밖에도 「타작도」에는 조선 시대의 옷차림, 머리 모양, 농사 기술 등 다양한 삶의 모습이 담겨 있습니다.] → 「타작도」에 담긴 조선 시대 모습

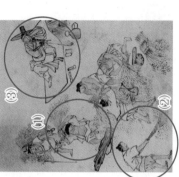

▲ 김홍도, 「타작도」

---

1 이 글은 김홍도의 소개와 그가 그린 「타작도」를 설명한 글입니다. 따라서 이 글에서 설명하고 있는 그림은 「타작도」입니다.

2 「타작도」는 가을에 벼를 베어 마당에서 타는 모습을 그린 그림으로, 벼를 묶는 사람, 벼를 타는 사람, 벼를 옮기는 사람이 그려져 있습니다. 「타작도」를 설명하는 이 글에도 그 내용이 나타나 있습니다. 그러나 ② 벼를 심는 사람은 표현되어 있지 않습니다.

3 이 글에서 설명하는 「타작도」에는 일을 시키는 땅 주인과 일을 하는 일꾼이 등장하므로 ④ '땅 주인과 일꾼이 함께 일했다.'는 틀린 내용입니다.

오답풀이 조각색 부분에서 ①, ②, ③을 확인할 수 있습니다.

4 김홍도는 풍경, 인물, 동물 등 못 그리는 그림이 없었는데, 그런 그의 작품 가운데 '풍속화'가 가장 유명하다는 것을 1문단에서 알 수 있습니다.

5 **정답**

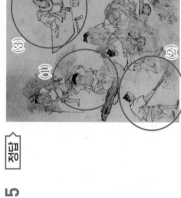

89쪽
1 타자 2 담뱃대
3 화원

91~92쪽
1 타작도 2 ② 3 ④ 4 풍속화
5 해설 참조 6 (1) 김홍도 (2) 화가 (3) 인물 (4) 조선 시대

93쪽 독해력으로 멸탐정 되기! **정답** ②

21회 글쓴이의 생각과 마음 알기

따라서 풀어보기 96쪽

01 ③

01 글쓴이는 선생님께 "배가 아파요."라고 거짓
말한 뒤 거짓말을 들킬지도 모른다는 생각에
불안해 하고 있습니다. 따라서 글쓴이의 마
음은 '불안하다.'입니다.

신나게 연습하기 97쪽

01 ②   02 ③

01 '교실에서는 뛰지 말아야 한다.'라는 문장으
로 보아 글쓴이의 생각은 '교실에서 뛰지 말
아야 한다.'입니다.

02 강아지 '하늘'이가 산책하면서 신나하는 것을
보면서 글쓴이가 좋아졌다는 것으로
보아 글쓴이의 마음은 '즐겁다.'입니다.

쓰기로 완성하기 98쪽

01 소중히   02 후회하는

04 이 글은 친구들이 꽃과 나뭇가지를 꺾어 장
난을 치는 모습을 보고, 자연을 소중히 해야
한다고 생각하는 글입니다. 따라서 알맞은
낱말은 '소중히'입니다.

02 이 글은 친구와 싸운 글쓴이가 혼자 집에 돌
아가면서 후회하는 글입니다. 따라서 알맞은
낱말은 '후회하는'입니다.

공기놀이 _ 문현식

1 편   2 차례
3 공깃돌

1 ③   2 ④   3 ④   4 ②
5 ①   6 (1) 순서 (2) 공깃돌 (3) 총

• 제재: 공기놀이
• 주제: 공기놀이에서 내 차례가 됐는데 쉬는 시간이 끝나는 종이 친 상황을 표현
• 특징: 짧은 말로 긴장되는 마음을 효과적으로 표현하였고, 반복되는 말로 시에 재미를 더하였다.

쉬는 시간이 시작되자마자
①공기할 사람 모이자마자
②영양이를 바닥에 붙이자마자
③좋래도 한꽤으로 펴재자마자
단지는 순서 정하자마자
공깃돌을 깨내자마자
연습하면서
내 차례를 한참 기다리다가
이제 막 공깃돌 하나 던지려 하자마자
ⓒ쉬는 시간 끝나는 종이 울린다.
글쓴이의 아서워하는 마음을 느낄 수 있음.

꼭 그런다.

1 이 시에서 '쉬는 시간'에 공기놀이를 하고 있음을 알 수 있습니다.

2 초록색 부분에서 ①, ②, ③의 장면을 떠올릴 수 있습니다. 그러나 이 시에서 '앞 사람에게 공깃돌을 전네는 장면'은 떠올리기 어렵습니다.

3 '좋래도 한꽤으로 펴재자마자'라는 문구에서 앞 수 있듯이 편을 나눌 때의 상황을 설명하고 있습니다. 따라서 졸린다는 것은 '우리 편이 잘 못 한다.'라는 뜻입니다.

4 이 시의 글쓴이는 공기놀이의 차례를 기다렸지만 쉬는 시간이 끝나는 종이 울려서 결국 공기놀이를 하지 못합니다. 따라서 ⓒ에서 느낄 수 있는 글쓴이의 마음은 '아쉽다.'입니다.

5 이 시를 읽고 공기놀이는 연습을 많이 해야 한다고 생각하기는 어렵습니다.

집안일을 나누어요

집안일을 나누어 하자.

요리, 청소, 빨래, 쓰레기 *분리배출 등 집안일은 무척 많습니다.(1) 이 많은 집안일을 혼자서 한다면 얼마나 힘들까요? 집은 가족이 같이 사는 곳입니다. 따라서 집안일도 가족 모두가 나누어 해야 합니다. 집안일을 나누면 어떤 점이 좋은지 알아봅시다.

[집안일을 나누어 해야 함을 주장, 글 전체의 중심 문장] → 집안일을 나누어 해야 함을 주장

첫째, 집안일을 빨리할 수 있습니다. 한 사람이 하면 5시간이 걸릴 일을, 다섯 명이 나누면 1시간 만에 끝낼 수 있습니다.(2) 자신이 정하거나 좋아하는 일을 맡으면 집안일 하는 시간은 더 짧아지기도 합니다.

→ 집안일을 나누어 하면 좋은 점 ① 집안일이 금방 끝남.
[자신이 정하거나 좋아하는 일을 나누어 하면 좋은 점]

둘째, *책임감을 기를 수 있습니다. 해야 할 일이 정해져 있지 않으면, 다른 사람에게 미루기 쉽습니다. 하지만 집안일을 나누어 자신이 해야 할 일이 ㉠명확하게 정해지면, 그 일에 책임감을 갖게 됩니다. 어릴 때부터 책임감을 키운 아이들은 어른이 되어서도, 스스로 자신의 일을 해결할 수 있습니다.

→ 집안일을 나누어 하면 좋은 점 ② 책임감을 기를 수 있음.

(3)이렇듯 집안일을 나눠서 하면 집안일을 빨리 끝낼 수 있고, 책임감도 기를 수 있습니다. 이제부터라도 가족과 집안일을 나눠서 합시다.

[집안일을 나누어 하면 좋은 점 정리] → 집안일을 나누어 하면 좋은 점 정리

---

1 이 글은 집안일을 나눠서 하면 좋은 점에 대해 설명한 글로 '집안일을 나눠서 하면 집안일을 빨리 끝낼 수 있고, 책임감을 기를 수 있고.'고 말하고 있습니다. 따라서 이 글의 중심 낱말은 '집안일'입니다.

2 글쓴이는 집안일을 나눠서 하면 빨리 끝낼 수 있고, 책임감을 기를 수 있으므로 '집안일을 나누어 해야 한다.'고 생각하고 있습니다.

3 '명확하게'는 '명백하고 확실하다.'는 뜻으로 ①, ③, ④와 바꿔 쓸 수 있습니다. ② '자유롭게'는 '구속이나 속박 따위 없이 제 마음대로 할 수 있다.'는 뜻이므로 ㉠과 바꿔 쓸 수 없습니다.

4 집안일을 나눠서 하면 빨리 끝낼 수 있고, 책임감을 기를 수 있습니다.

5 초록색 부분에서 (1), (2), (3)의 내용을 알 수 있습니다. 이 글에서 가족 모두가 집안일을 나누어 해야 한다고 했으므로 (3)의 내용은 틀립니다.

돌고래를 바다로 돌려보내 주세요

107쪽

1 수족관
2 돌고래

109~110쪽

1 ④　2 ④　3 (1) 예 (2) 예 (3) 예
5 ②　6 (1) 수족관 (2) 바다 (3) 노력　4 ④

갈래 수족관에 사는 돌고래의 삶과 수족관에 사는 돌고래를 바다로 돌려보내야 하는 까닭

수족관에서 돌고래를 본 적이 있나요? 우리는 수족관에서 먹이를 받아먹거나 ˚재주를 부리는 돌고래를 보면서 즐거운 시간을 보냅니다. 그런데 정작 돌고래는 수족관에서 어떻게 사는지 소개

<u>↑ 돌고래가 수족관에서 행복할까요?</u> } 중심 낱말

수족관에 사는 돌고래는 바다에 사는 돌고래보다 행복하지 않습니다. 이러면 고통스럽게 살고 있을 수도 있습니다. 돌고래는 깊은 바다입니다. ①하루에 100킬로미터 이상 ˚헤엄을 치고, ②12킬로그램 가량의 물고기를 잡아먹으 ③며 마리가 무리지어 삽니다. 그러나 수족관에 사는 돌고래는 몇 마리 밖에 안 되는 좁은 공간에 갇혀, 사람이 주는 먹이만 먹으며 외롭게 살아감④니다. 그러다 보니 수족관에 사는 돌고래는 일찍 세상을 떠납니다. <u>바다에</u>

<u>사는 돌고래의 수명은 30년 이상인데,</u> 수족관에 사는 돌고래는 4년 정도밖에 살지 못합니다. 그리고 수족관에서 낳은 새끼들도 제대로 크지 못하고 대부분 죽고, ③은 우리나라의 수족관에는 아직 돌고래가 살고 있다고 } <u>↑ 바다에 사는 돌고래들보다 널리 수족관에서 사는 돌</u> 고래들은 행복하지 않음.

이런 사실이 알려지면서 돌고래를 다시 바다로 돌려보내자는 목소리가 높아지고 있습니다. 최근 몇몇 나라에서 돌고래 쇼를 없애고, 돌고래를 바다로 돌려보내기도 했습니다. 하지만 우리나라를 비롯해 많은 나라의 수족관에는 아직도 돌고래가 많습니다. } <u>↑ 돌고래를 다시 바다로 돌려보내자는 목소리가</u> 높아지고 있음.

많은 사람이 돌고래를 자연스으로 돌려보내 고통에서 벗어날 수 있도록 해야 한다고 생각하고 있습니다. <u>모든 돌고래가 드넓은 바다에서 마음껏 헤엄</u> 질때 살아갈 수 있도록 더욱 적극적인 노력이 필요합니다. } 글 전체의 중심 문장
↑ 돌고래를 바다로 돌려보내기 위해 모두 노력해야 함.

---

1 글쓴이는 수족관에서 사는 돌고래들은 행복하지 않으므로 '돌고래를 바다로 돌려보내야 한다.'고 생각하고 있습니다.

2 바다에 사는 돌고래는 보통 수명이 30년 정도입니다.

오답풀이 조직세 부분에서 ①, ②, ③의 내용을 알 수 있습니다.

3 (1) 2문단에서 수족관에 사는 돌고래들의 수명이 4년 정도임을 알 수 있습니다.
(2) 3문단에서 몇몇 나라에서 돌고래들을 바다로 되돌려보내고 있음을 알 수 있습니다.
(3) 3문단에서 우리나라를 비롯해 많은 나라의 수족관에는 아직도 돌고 래가 살고 있음을 알 수 있습니다.

4 ①은 30년 정도, ②는 수족관에서 낳은 새끼들은 제대로 크지 못하고 대부분 죽고, ③은 우리나라의 수족관에는 아직 돌고래가 살고 있다고 답할 수 있습니다. 그러나 ④ '전 세계 수족관에 살고 있는 돌고래는 모 두 몇 마리일까?'에 대한 답은 찾을 수 없습니다.

5 이 글은 '수족관에서 고통받고 있는 돌고래들을 바다로 돌려보내기 위해 노력하자.'는 내용이 글이므로 별빛이가 잘 이해하였습니다.

25회 독해 적용

자존감을 키우자!

갈래 설명문

자존감을 키우는 방법을 알아보고, 나를 사랑하고 소중히 여기자.

자존감이란 자신을 사랑하고 소중히 여기는 마음을 말합니다. 자존감이 중심 낱말 높은 사람은 대부분 행복한 삶을 삽니다. 그렇다면 이렇게 해야 자존감을 키울 수 있을까요? ┐→ 자존감을 키울 수 있는 방법 소개

[첫째, 다른 사람과 나를 비교하지 말아야 합니다. *외모, 성적, 운동 등으로 다른 사람과 비교하고, 내가 부족하다고 여기면 자존감이 떨어집니다. 사람은 모두 다르게 태어났습니다. 또 잘하고 못하는 것도 저마다 다릅니다. 그런데 모든 것을 남과 비교하면 나의 좋은 점보다는 나의 부족한 점을 많이 보게 됩니다. 그러므로 친구들과 나의 서로 다른 점을 비교하여 어느 것이 더 낫 ┌⊙→ 자존감을 키우는 방법 ① 다른 사람과 나다고 할 수 없습니다. ┘ 를 비교하지 않아야 함.

[둘째, 나를 잘 관찰해야 합니다. 무엇을 할 때 내가 가장 즐거운지 생각하며, 내가 좋아하는 일을 찾아야 합니다. 좋아하는 일을 찾아서 하다 보면 삶이 행복해지는 것을 느낄 수 있습니다. 또 좋아하는 것을 즐겁게 하다 보 ┐→ 자존감을 키우는 방법 ② 면 더 잘하게 됩니다. 그러면 저절로 자존감이 높아집니다. ┘ 나를 잘 관찰할 줄 알아야 함.

[마지막으로 나를 있는 그대로 사랑해야 합니다. 세상에 완벽한 사람은 아무도 없습니다. 서로 부족한 부분을 채우고 도우며 살아갑니다. 내가 나를 사랑할 때, 다른 사람들도 나를 존중해 줍니다. 그리고 나를 존중해 주는 진 구들과 함께할 때 즐거운 학교생활을 할 수 있습니다. ┐→ 자존감을 키우는 방법 ③ 나를 있는 그대로 사랑해야 함.

111쪽

1 관점 2 비교
3 자존감

113~114쪽

1 ④ 2 ④ 3 (1) 예 (2) 예 4 은하
5 해설 참조 6 (1) 자존감 (2) 비교 (3) 관점 (4) 사랑

1 이 글은 자존감을 키우는 방법에 대해 설명한 글로, 이 글의 중심 낱말은 '자존감'입니다.

2 이 글의 글쓴이는 자존감이 높은 사람이 대부분 행복한 삶을 살고 즐거운 학교생활도 할 수 있으므로 '자신을 사랑하고 소중히 여겨야 한다.' 고 생각하고 있습니다.

3 ㉠에서 (1) 좋아하는 것을 찾아서 하다 보면 삶이 행복해지는 것을 느낄 수 있고, (2) 좋아하는 것을 즐겁게 하다 보면 더 잘하게 된다고 하였습니다.

4 '자존감'이란 나 자신을 사랑하고 소중히 여기는 마음을 말합니다(은 하). 다른 사람과 나를 비교하면 자존감이 낮아집니다(순후). 학교에서 는 자존감이 낮아질 수도, 높아질 수도 있습니다. 그리고 이름 설정하 는 것 바로 '나' 자신입니다(시아). 따라서 '자존감'에 대해 바르게 말한 는 사람은 은하입니다.

5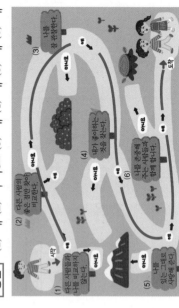

정답 (1) 예 (2) 아니요 (3) 예 (4) 예 (5) 예 (6) 예

(1) 다른 사람들과 나를 비교하지 않는다.
(2) 다른 사람의 좋은 점만 찾아 비교한다.
(3) 나를 잘 관찰한다.
(4) 내가 좋아하는 것을 찾는다.
(5) 나를 있는 그대로 사랑해 준다.
(6) 나를 존중해 주는 사람들과 함께 한다.

도착

115쪽

독해력으로 명탐정 되기!

정답 ①

따라서 풀어보기 118쪽

01 ②

01 이 글은 수다를 멈추지 못해 생긴 일을 쓴 글입니다. 따라서 '수업 시간에 짝꿍이랑 떠들다가 선생님께 혼난 적이 있어.'라고 한 소민이가 이 글을 읽고 떠올린 경험으로 적절합니다.

신나게 연습하기 119쪽

01 ①   **02** ①

01 이 글은 학원을 다니느라 놀 시간이 없는 친구들의 이야기입니다. 따라서 '나도 학원을 3개나 다녀. 하루 종일 놀이터에서 노는 것이 소원이야.'라고 한 재환이가 이 글을 읽고 떠올린 경험으로 적절합니다.

02 이 글은 형식이가 선생님께 친한 친구와 앞 자리에 앉게 해 달라고 부탁드리는 편지입니다. 따라서 '친한 친구랑 같은 모둠이 되고 싶어서 선생님께 편지를 쓴 적이 있어.'라고 한 진혁이가 이 글을 읽고 떠올린 경험으로 적절합니다.

쓰기로 완성하기 120쪽

01 <예시답안> 아빠랑 야구를 한, 아빠랑 소풍을 같이 간 등

02 <예시답안> 감을 따 보고, 동생과 물고기를 잡아 보고 등

01 이 글은 나와 아빠가 함께 노는 모습에 대한 글입니다. 따라서 아빠랑 같이 경험한 일을 자유롭게 쓰면 됩니다.

02 이 글은 시골에 가서 한 일에 대한 글입니다. 따라서 시골에 가서 하고 싶은 일을 자유롭게 쓰면 됩니다.

섬에서 보내는 편지

독해

안면도 소개와 안면도에서 할 수 있는 경험

보고 싶은 나영이에게

나영아, 잘 지내고 있었니? 나도 잘 지내. 아직 새 친구들과는 어색하지만 그 친구들도 나한테 잘해 줘. 여기로 이사 온 지 벌써 한 달이 넘었어. 이제야 이곳이 조금 익숙해졌어. 내가 이사 온 곳을 소개해 줄게. 〔➡ 나영이에게 이사 온 곳을 소개하기 위해 편지를 씀.〕

내가 이사 온 곳은 '안면도'라는 섬이야. ①온통 바다로 둘러싸여 있는 땅을 섬이라고 한데. 하지만 안면도는 육지랑 다리로도 연결되어 있어. ②그래서 섬 이지만 자동차로 왔다 갔다 할 수 있어. 처음 이곳에 올 때도 자동차를 타고 왔어. 3시간이나 걸렸는데, 멀미가 나서 너무 힘들었어. 〔➡ 안면도 소개〕

그래도 여긴 바다가 있어서 좋아. 바다가 정말 가까워. ③지난번에는 친구들 이랑 바다에서 조개를 잡았어. 바닷물이 빠져나가면 젖은 모래가 보여. 모래를 호미로 파면 검은 흙이 나와. 그 흙 속에 조개가 엄청 많아. 난 비닐봉지 하나 가득 조개를 잡았어. 진짜 재미있었어. 너도 같이 했으면 좋았을 텐데, 아쉽다. 〔➡ 친구들과 조개를 캔 경험〕

④그리고 근처에 수목원이 있는데 나무랑 꽃이 정말 예뻐. 그래서 사람들이 많이 놀러 온대. 〔➡ 안면도에 수목원이 있음.〕

나영아, 방학에 우리 집에 놀러 오지 않을래? 내가 조개 캐는 법을 알려 주고 수목원도 보여 줄게. 꼭 놀러 와! 정말 네가 보고 싶어. 나영아, 잘 지 내고 꼭 답장해 줘. 사랑해! 〔➡ 나영이에게 놀러 오라고 함.〕

20○○년 ○월 ○일

너의 영원한 친구 민지가
보내는 사람

---

1 이 편지글에 '자기소개'는 담겨 있지 않습니다.

2 민지가 나영이에게 편지를 쓴 이유는 '이사 온 곳을 소개하기 위해서' 입니다.

3 초록색 부분에서 ①~④의 내용을 알 수 있습니다. 안면도는 섬이지만 육지와 다리로 연결되어 있어 차를 타고 갈 수 있습니다. 따라서 ②가 틀린 설명입니다.

4 보내는 사람이 '너의 영원한 친구 민지가'인 것으로 보아 민지와 나영이 는 '친구' 사이입니다.

5 이 글은 민지가 나영이에게 이사 온 곳을 소개하면서 보고 싶다고 말하 는 편지입니다. 따라서 이 글을 읽고 적절한 경험을 떠올린 친구는 은 지입니다.

작은 친절을 베풀어요

작은 친절을 베푼 예를 알아보고, 작은 친절을 베풀어 보자.

다른 사람을 돕는 일은 생각보다 쉽습니다. 일상생활에서 베푸는 작은 친절로 다른 사람을 도울 수 있기 때문입니다. <mark>작은 친절을 베푼</mark> 두 가지 예를 살펴봅시다.
<mark>중심 낱말</mark>

[→ 작은 친절을 베푼 예 소개]

비 오는 날, 우산이 없던 학생이 어떤 아주머니의 도움을 받았습니다. 마침 우산을 두 개 가지고 있던 아주머니가 한 개를 건네준 것입니다. 학생은 아주머니가 무척 고마웠습니다. 그리고 ㉠며칠 뒤, 또 비가 내렸습니다. 학생은 슈퍼에 나가며 혹시나 싶어 우산을 두 개 챙겼습니다. 그리고 슈퍼 앞에서 우산이 없어 쩔쩔매는 사람에게 하나를 건네주었습니다. 지난번 자신이 받았던 작은 친절을 기억하고, 자신도 작은 친절을 베푼 것입니다.
[→ 작은 친절을 베푼 예 ① 비 오는 날 우산이 없는 사람에게 우산을 빌려줌.]

또 얼마 전, 인터넷에서 시원한 음료수가 담긴 아이스박스 사진이 화제가 되었습니다. 더운 날 고생하는 택배 기사를 위해 누군가 아이스박스에 시원한 음료수를 넣어 둔 것입니다. 이 사진은 사람들의 마음을 따뜻하게 해 주었습니다.
[→ 작은 친절을 베푼 예 ② 택배 기사를 위한 음료수]

이렇듯 작은 친절은 받는 사람에게도 커다란 도움이 될 수 있습니다. 또 반드시 주위 사람들에게 감동을 주기도 합니다. <mark>여러분들도 주변 사람들에게 작은 친절을 베풀어 보면 어떨까요?</mark> → 작은 친절을 베풀자고 주장
글 전체의 중심 문장

125쪽

1 실천　　2 친절
3 화제

127~128쪽

1 ②　　2 ①　　3 ④　　4 ④
5 ①　　6 (1) 다른 사람 (2) 작은 (3) 커다란

1　이 글은 작은 친절을 베푼 예를 소개하는 글입니다. 따라서 이 글의 중심 낱말은 '친절'입니다.

2　이 글에서 '평소의 작은 친절로도 다른 사람을 도울 수 있다.'의 내용으로 보아 글쓴이는 ① '작은 친절로 다른 사람을 도울 수 있다.'고 말하고 있습니다.

3　2문단에서 학생은 자신이 받았던 작은 친절을 기억하고, 자신도 작은 친절을 베풀고자 우산을 두 개 챙겼다고 설명했습니다. 따라서 ④ '우산이 없는 사람에게 빌려 주기' 위한 행동입니다.

4　이 글은 작은 친절을 베푼 예를 소개하고 있습니다. 따라서 친구의 도움을 받은 민현이가 자신의 경험을 떠올리며 바르게 말한 것입니다.
오답풀이〉 ①, ②, ③은 다른 사람에게 친절을 베푸는 것과는 관련이 없는 경험입니다.

5　이 글은 작은 친절을 베푸는 것과 관련된 글입니다. 어르신께 자리를 양보하거나 필통을 놓고 온 친구에게 연필을 빌려주고, 다친 친구가 다칠 방을 들어 주는 것도 작은 친절을 베푸는 행동입니다. 그러나 ① 비가 오는 날 비를 맞고 가는 친구를 외면하고 혼자 우산을 쓰고 가는 것은 친절하지 못한 행동입니다.

단풍잎의 비밀

가을에 단풍이 드는 까닭과 단풍잎의 색이 결정되는 요인

오늘 가족들과 함께 단풍 구경을 하러 속리산으로 향했다. 속리산은 높고 파란 가을 하늘 아래 온통 노랗고 빨갛게 물들어 있었다. 봄이나 여름에 보았던 푸르른 모습과는 또 다른 풍경이 무척 신기했다. 나는 아빠에게 왜 가을이 되면 나뭇잎이 색이 변하는지 여쭈어 보았다.

"우리 눈에는 나뭇잎이 초록색으로 보이지만, 사실 나뭇잎에는 여러 가지 색을 띠는 물질이 들어 있어.③ 가을이 되면④ 나뭇잎을 초록색으로 보이게 하는 '엽록소'가 줄어들고 다른 물질의 색이 드러나 나뭇잎의 색이 변한단다."

"엽록소요?"

"식물은 물과 공기, 햇빛을 이용해 영양분을 만드는 '광합성' 작용이란 것을 한단다. 이때 가장 중요한 역할을 하는 게 바로 엽록소야. 그런데 날이 쌀쌀해지고 건조해지면 나무는 물을 조금만 쓰기 위해 잎에 많이 필요한 광합성을 줄인단다. 그러면 당연히 엽록소도 줄어들겠지?" ➜ 가을이 되면 나뭇잎의 색이 변하는 까닭

"그런데 왜 단풍잎은 노랗기도 하고 빨갛기도 할까요?"

"'가로틴'이라는 물질이 많으면 노란 단풍잎, '안토시아닌'이라는 물질이 많으면 빨간 단풍잎이 되단다.② 카로틴과 안토시아닌의 양이 비슷하면 주황 단풍잎이 되고 말이야."
➜ 단풍잎이 노랗기도 하고 빨갛기도 한 까닭

"정말 신기해요!"

"그렇지? 아빠도 늘 자연이 신기하단다."
➜ 단풍잎이 노랗기도 하고 빨갛기도 한 까닭

129쪽

1 자연　2 가을
3 단풍잎

131~132쪽

1 ③　2 ①　3 ④
5 ④　4 (1) 왼쪽 (2) 오른쪽
6 (1) 엽록소 (2) 노란 (3) 빨간

---

1 이 글은 '가을에 단풍이 드는 이유'를 설명한 글입니다. 따라서, 단풍이 울긋불긋 물든 가을 풍경 사진을 고르면 됩니다.

2 초록색 부분에서 ②, ③, ④의 내용을 알 수 있습니다.
② 카로틴과 안토시아닌의 양이 비슷하면 주황색 단풍잎이 생깁니다.
③ 단풍잎은 엽록소의 양이 줄어드는 가을에 볼 수 있습니다.
④ 나뭇잎을 초록색으로 보이게 하는 물질인 '엽록소'가 있기 때문입니다.
그러나 이 글에서 '① 가을에 날씨가 왜 쌀쌀해지는가?'에 대한 대답은 찾을 수 없습니다.

3 '나'의 생각이나 느낌에 해당하는 것은 '어떤 물질이 많아지느냐에 따라 나뭇잎 색이 달라지는 것이 정말 신기하다.'입니다. '신기하다.'라는 생각이 나타나 있습니다.
오답풀이 ①, ②, ③은 생각이 아닌 '사실'입니다.

4 이 글에서 '가로틴'이라는 물질이 많으면 노란 단풍잎, '안토시아닌'이라는 물질이 많으면 빨간 단풍잎이 되다는 것을 알 수 있습니다.

정답

(1)		(2)

5 이 글은 가을에 단풍이 드는 까닭에 대한 글입니다. 따라서 ①, ②, ③은 단풍과 관련된 경험을 떠올린 것으로 적절합니다. 상희의 경험은 단풍이 들지 않는 소나무와 관련된 경험으로 이 글과는 관련이 없습니다.

갈래

야구 경기를 보러 가요

야구 경기를 보러 감.

[20○○년 ○○○월 ○○○일 ○○요일   날씨: 햇빛 쨍쨍]

⊙우리 오빠는 하교 야구부 선수이다. 오늘은 오빠네 하교와 다른 하교가 야구 경기를 하는 날이다. 그래서 우리 가족 모두 오빠를 응원하기 위해 야구장에 갓다. 야구장은 엄청 넓었다. 우리 가족도 응원석에 자리를 잡고 앉앗다. }➜ 우리 가족이 야구장에 감.

야구장에 예국가가 울려 퍼지고, 경기가 시작되었다. ⓛⓒ우리 오빠는 투수 라서, 운동장 한가운데에서 상대 팀 트자에게 공을 던졌다. 상대 팀 타자는 오빠의 공을 치기 위해 야구 배트를 휘둘렀다. }➜ 오빠가 공을 던지는 것들 봄.

"엄마, 어떻게 하면 점수가 나는 거예요?"

"저기 운동장에 보면 모서리 네 군데에 발판이 잇어. 타자가 공을 친 뒤, 발판에 네 모서리를 다 밟고 한 바퀴 돌아오면 1점을 얻지."

엄마가 야구 규칙을 설명해 주셨지만, 너무 어려웠다. }➜ 엄마가 야구 규칙을 설명해 줌.

야구 규칙이 어려워서 야구를 보는 듯이 조금 지루해질 때쯤 "깡!" 하는 소 리가 낫다. ⓒ타자가 친 공이 멀리 날아와 우리 가족이 앉아 잇는 응원석에 떨어졌다.

"우아, ◆홈런이다!" }➜ 홈런 치는 장면을 봄.

④사람들은 기뻐서 소리를 질럿다. 오빠네 팀에서 홈런을 친 것이엇다. 홈런 을 친 타자는 네 개의 발판을 밟으며 한 바퀴 돌아왓다. 그러자 야구장에 잇 는 ⓒ커다란 화면에 숫자가 0에서 1로 바뀌엇다.

그렇게 1 : 0으로 경기가 끝났다. ⓔ나는 오빠네 팀이 승리해 기분이 남아 갓 것처럼 좋았다. 함께 응원을 한 사람들과 하나가 된 기분도 들었다. }➜ 오빠네 팀이 이겨서 기분이 좋았다.

133쪽

1 응원   2 타자
3 투수

135~136쪽

1 ①   2 ②   3 ③   4 ④   5 ④
6 (1) 야구장 (2) 규칙 (3) 승리

1 이 글은 오빠의 야구 경기를 보러 간 친구의 일기입니다. 따라서 이 글 은 '야구'에 대한 글입니다.

2 ⊙, ⓒ, ③, ④의 모습을 떠올릴 수 있습니다. ②는 이 글 을 읽고 떠올리기 어려운 장면입니다.

3 이 글에서 ① 오빠네 팀과 다른 학교 팀이 경기를 했음을 알 수 있으며, ② 오빠가 투수인 것을 알 수 있습니다. 또한 ③ 홈런을 친 것은 오빠네 팀 타자이며, ④ 이날 경기는 오빠네 팀이 승리했다는 것을 알 수 있습 니다.

4 '나'의 생각이나 느낌에 해당하는 문장은 ⓔ '기분이 남아갈 것처럼 좋 앗다.'입니다. '기분이 좋았다.'라는 생각과 느낌이 나타나 잇습니다. ⊙, ⓒ, ⓒ은 생각이나 느낌이 아닌 사실을 나타낸 문장입니다.

5 이 글은 오빠의 야구 경기를 보러 간 '내'가 야구 경기를 보면서 느낀 점 과 사실들에 대해 쓴 일기입니다. 따라서 민아가 이 글을 읽고 자신의 경험을 떠올리며 바르게 말하였습니다.

   ⊙, ⓒ, ③은 이 글과 관련된 경험을 떠올렷다고 보기 어렵습 니다.

"독해력은 한자 뜻풀이대로 하면,
'읽을 독(讀), 풀 해(解), 힘 력(力)',
즉 글을 읽어서 뜻을 이해하는 힘을
뜻해요. 단순하게 글자나 문장을 보
는 것이 아니라, 그 속에 담긴 의미까
지 파악해 내는 힘이 독해력이라고
할 수 있습니다."

독해력 자신감으로
독해력 UP!
자신감 UP!

초등 풍산자로 개념을 적용하고 응용하여
연산, 유형, 서술형을 풀면 실력이 탄탄해집니다

처음 배우는 수학을 쉽게 접근하는 초등 풍산자 로드맵

연산 집중훈련서	교과 유형학습서	서술형 집중연습서	연산 반복훈련서
▶ 풍산자 개념X연산	▶ 풍산자 개념X유형	▶ 풍산자 개념X서술형	▶ 풍산자 연산

초등 풍산자 교재	하	중하	중	상
연산 집중훈련서 **풍산자 개념X연산**	개념 적용 연산 학습, 기초 실력 완성			
교과 유형학습서 **풍산자 개념X유형**		개념 응용 유형 학습, 기본 실력 완성		
서술형 집중연습서 **풍산자 개념X서술형**		개념 활용 서술형 연습, 문제 해결력 완성		
연산 반복훈련서 **풍산자 연산**	연산만 집중적으로 반복 학습			

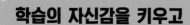

학습의 자신감을 키우고

지학사 초등 국어
자신감
시리즈

공부의 기초 체력을
높이는

어휘력 자신감

하루 15분 즐거운 공부 습관

• 속담, 관용어, 한자 성어, 교과 어휘, 한자 어휘
  가 담긴 재미있는 글을 통한 어휘·어법 공부

• 교과서 속 개념 용어를 재미있게 익히는 초등
  교과 연계

• 맞춤법, 띄어쓰기 등 기초 어법 학습 완벽 수록

• 지문 듣기, 받아쓰기, 온라인 낱말 게임 제공

독해력 자신감

긴 글은 빠르게! 어려운 글은 쉽게!

• 문학, 독서를 아우르는 흥미로운 주제를 통한
  재미있는 독해 연습

• 주요 과목과 예체능 과목의 교과 지식을 통한
  전 과목 학습

• 빠르고 쉽게 글을 읽을 수 있는 6개 독해 기술
  을 통한 독해 비법 전수